リスキリングにも使える！

✔ アイデアの種を事業計画に落とし込む
✔ ゼロから戦略的にビジネス化させる

最強の戦略ツール
ビジネスモデル・
キャンバス

永島税理士事務所　代表税理士

永島 俊晶

ビジネス教育

JN114299

はじめに

エジソンに学ぶ「アイデアをビジネス化させる大切さ」

「ビジネスをしたいと思っているけれどアイデアが思いつかない」
「ビジネスアイデアはあるけれど起業の一歩を踏み出せない」
「とりあえずビジネスを始めてみたけれどうまくいかない」

　もしも、あなたがこのような悩みを抱えているとしたら、もう少し先を読み進めてみてください。
　本書は、これから起業を考えている人、新たな事業展開を考えている人に向けて「ビジネスモデル・キャンバス」を使った新規事業のビジネスモデル構築をお手伝いする本です。

　ビジネスモデルというと、何か小難しい、取っ付きにくいものに感じるかもしれません。または、大企業や中堅企業のようなある程度の規模感があるところだけのもののように感じるかもしれません。
　ですが、それは違います。ビジネスモデルは、規模の大小を問わずビジネスを始めたいすべての人たちに必要なものです。

　ビジネスの業界ではよく「アイデアが大事だ」と言われます。成功する起業アイデアの書籍やインターネットのサイトは山のようにあるでしょう。

確かにビジネスを始める以上、何かしらのアイデアは大事です。

　ですが、アイデアだけがあってもビジネスは成功しません。これを的確に表す逸話に発明王エジソンの話があります。

　トーマス・エジソンと言えば誰もが知るアメリカの発明王です。

　1869年の電気投票記録機の発明に始まり、株式相場表示機や電信機、送話器、蓄音機、白熱電球、映画用撮影機、映写機、蓄電池などを次々に発明し、その特許は1,300以上にのぼります。

　白熱電球の発明者と知られるエジソンですが、実は最初に白熱電球の発明をしたのは、エジソンではありません。

　エジソンが白熱電球を発明するより1年も早く、イギリスの物理学者ジョセフ・スワンが1878年12月に炭素フィラメントを使って電球を40時間点灯させることに成功しました。さらに、この年にイギリスにて特許が認可されました。

　ただ、このスワンの偉業も、現在のエジソンの偉業の前ではあまり知られないものになってしまっています。世の中では白熱電球を発明したのはエジソンだと言われ、発明王の名をほしいままにしています。

　その理由は実にシンプルです。白熱電球をスワン以上に長時間点灯させられるように改良し、商品化して世間に普及させたのがエジソンだからです（エジソンは最終的に竹のフィラメントで1,200時間も点灯できる白熱電球を発明）。

　白熱電球そのものの最初の"アイデア"はスワンだったかもしれません。ですが、それを現実に実用化させ、世間に普及させる"ビジネスモデル"にまで昇華させたのはエジソンです。

　大事なのはアイデアを出すことではありません。そのアイデアをビジネスモデルに置き換え、商品化することです。

そして、そのための最適なツールが、本書で紹介するビジネスモデル・キャンバスなのです。

起業がうまくいかない人の3つの特徴

私は大学卒業後、東証1部上場企業で営業と店舗マネジメントを3年間経験し、その後、東京の税理士事務所にて税務会計部として9年間、不動産業・飲食業・人材派遣業・広告業・小売業・製造業・サービス業・理容サロンなど、幅広く実務に携わってきました。

現在では、千葉市に少数精鋭で税理士事務所を設立し、千葉県を中心に東京、茨城、神奈川などで税務会計支援を行っています。

その他、起業家支援の経営コンサルティング会社を設立し、開業資金の融資・資金調達などの開業支援から、事業計画書の作成、経営戦略決定、売上・利益アップなどのコンサルティング業務までトータルでサポートをしております。

これらの業務と同時に私が行っているのが、これから起業したい人や起業したけれど思ったようにうまくいっていない人へ向けた、ビジネスモデル構築の勉強会です。

私はこの勉強会を受講してくださる方々を見ていて、うまく起業できない人に共通する次の"3つのポイント"を発見しました。

・ビジネスアイデアが思いつかない
・ビジネスアイデアはあるけれど起業に踏み切れない
・すでにビジネスをスタートさせているけれど伸び悩んでいる

まず「ビジネスアイデアが思いつかない人」に多いのは、行動力はあるため飲食店など参入障壁が低い事業を行おうとして相談に来るケ

ースです。

　自分自身が料理が得意だったり、食べるのが好きだったり、親族が飲食店でアルバイトをしていたり……という理由でこのような業態での起業を考えるのですが、特筆したアイデアは持っておらず、なんとなく「やりたいな～」くらいのモチベーションです。

　しかも、飲食店のような店舗型の業態は開業資金に数百万～一千万円以上のお金がかかるものですが、起業を考えているにもかかわらずお金がないために「銀行から融資を受けたいので事業計画書を作ってください」という相談を持ち掛けられます。

　こういう人は、残念ですがうまくいきません。

　そもそも、有名なシェフであっても何年も修行をして、その間にお金を貯めて、ようやく自分の店を持ったにもかかわらず赤字で廃業しているところが山ほどあるのがこの世界です。

　にもかかわらず、成功している飲食店を見て「自分にもできそうだ」と考えてしまい、ビジネスアイデアなしに起業を考えたりします。

　次に「ビジネスアイデアはあるけれど起業に踏み切れない人」に多いのは、いつまで経っても起業の勉強ばかりして起業に踏み切れないケースです。

　今流行りのSNSやYouTube動画などを見て起業ブームに乗り、サラリーマン生活では理想の生活を手に入れられないため、一念発起して脱サラし、起業しようと考えています。

　こういう方々は、アイデアはたくさん持っています。実際にどうしてそんなにアイデアをたくさん持っているのかを質問してみると「3年前から勉強しています」と、ずっと創業セミナーなどに通って勉強しているのです。

　こういう人は一生起業できません。なぜなら、リスクばかりを考えてしまって行動できないからです。起業しても生活が担保されるよう

な「安心感」があれば起業できるかもしれませんが、アイデアはあってもビジネスモデルを構築していないために計画が立てられていないのです。

結果、不安ばかりが募り、それこそ羅針盤のない状態で船出するようなもので、怖くて飛び出せません。

成功するための方程式を見つけられていないのです。

最後の「ビジネスをスタートさせているけれど伸び悩んでいる人」は、１つめの人のお金と経験があるバージョンです。

自分が過去にいた業態などで経験があり、しかもそこでお金を貯めていたので、ひとまずの開業はできています。あるいは、Web関連のビジネスやSNS運用コンサルのような仕事といった、ブームになっているような業種で起業して、一時的に売上が上がったりはしています。

ですが、結局はブームが過ぎ去って売上が落ちてしまったり、そこまでならなくても売上が天井まで行ってしまいこれ以上の売上が見込めない、多店舗展開できないような、自分ひとりだけが食べていける程度の広がりのないビジネスになっていたりします。

こういう方々は、厳しい言い方をするとビジネスがわかっていません。ビジネスは継続的に利益を出し続ける必要があるわけですから「それができていない＝ビジネスになっていない」と評価できます。

もちろん、最初はうまく集客できたり、ブームに乗って売上を上げることはできるかもしれません。ですがそれは、継続できなければ、たまたまギャンブルに勝った人と同じです。

ビジネスモデルを構築できる戦略的起業家になること

冒頭から少し厳しい話をしてしまいましたが、起業してビジネスを始める以上、私としては「ビジネスモデルを構築できる戦略的起業

家」になってもらいたいと思っています。

　戦略的起業家になっていれば、仮に一時的に下火になっても挽回できるからです。

　冒頭にお伝えした通り、ビジネスはアイデアだけでは意味がありません。それをビジネスモデルにして広めていくことが必要です。

　例えば、ユニクロ（ファーストリテイリング）の柳井正さんは「ユニクロが世界的なアパレルに飛躍する原点は中国にあった」と語っています。

　柳井さんが実家の紳士服店に入社したのは1972年ですが、その当時のユニクロは山口県宇部市の商店街に2つの店舗を持つだけの個人店でした。ところが、1986年に転機が訪れました。

　香港へ行った柳井さんは、街角で質のいいポロシャツがたった1,500円（当時の換算）で売られているのを見つけて「どうしてこんなに安く作れるんだ？」と驚きました。そして製造元の創業者ジミー・ライ氏に話を聞きに行きました。

　ライ氏から話を聞いた柳井さんは「これなら自分にもできないはずがない」と、香港で行われていたビジネスアイデアを日本にアジャストさせる形で持ってきて、現在のユニクロの基本を作ったのです。

　このような、アイデアをビジネスモデルにして成功した例は枚挙に暇がありませんが、何よりも大事なのはアイデアをアイデアのまま終わらせず「ビジネスモデルにする」ことです。

　そして、そのようなことを習慣化しているのが戦略的起業家です。

　もちろん、あなたがいきなり戦略的起業家になれるとはいいません。ですが、ビジネスモデルを構築する癖をつけることで、やがてあなたの頭の中には「アイデアをビジネス化する思考回路」のようなも

のが生まれるようになります。その積み重ねで戦略的起業家になっていくことができます。

　ビジネスモデル・キャンバスの作成は、その最初のきっかけであり、すべてでもあるのです。

なぜ多くの人がビジネスモデルを構築できないのか？

　この本を手に取っている人の中には、もしかしたらビジネスモデルの重要性を理解していて、過去に作ってみようとトライをしたり、ビジネスモデル関連の書籍を読んだことがある人もいるかもしれません。

　ですが、きっとうまくいかなかったのではないでしょうか？

　あるいは「ビジネスモデルなんてめんどくさい」と考えてしまっているかもしれません。そのように考えてしまう思考の背景には次のようなものがあるはずです。

　・ビジネスモデルを難しく考えている
　・ビジネスモデルの作り方がわからない

　この２つを解決するのが本書です。

　そもそもビジネスモデルは難しいものではありません。事前に勉強してからでないと作れないものではありませんし、むしろ、いきなり手を動かして作りながら学んでいけばいいものです。

　また、ビジネスモデルは最初から完璧でなくて構いません。完璧なものを最初に用意しようとするから難しくなって途中で投げ出してしまったり、苦手意識が芽生えてしまうのです。

　そうではなく、まず思いつくところから、アイデアが浮かんだところから作っていき、とりあえずの"たたき台"を作ることがスタートです。

全体像を最初に作ってしまえば、あとは抜けている部分の穴埋めをしたり、作っている間に変化したことを修正していけばいいのです。

また、ビジネスモデルはどの段階の人でも作るべきものです。大企業や中堅企業の新規事業でも、中小企業や零細企業、これから新たにビジネスを始めるスタートアップ企業や個人事業主であっても、最初に作るべきです。

慣れていない人からすれば「作り方がわからない」と思えるかもしれませんが、そんな難しそうなビジネスモデルを簡単に構築できるツールが「ビジネスモデル・キャンバス」です。

図 ビジネスモデルキャンバス

⑧ KP キー・パートナー	⑦ KA 主たる活動	② VP 価値提案	④ CR 顧客との関係	① CS 顧客セグメント
	⑥ KR 主たるリソース		③ CH チャネル	
⑨ CS コスト構造			⑤ RS 収入の流れ	
自分たちに関わる部分			顧客に関わる部分	

具体的な作り方は後述しますが、とりあえずはこれを使って、無理やりにでもビジネスモデルを作ってしまいましょう。

ビジネスモデル・キャンバスは誰にでも使えます。学歴や経営の経験なんて関係ありません。誤解を恐れず言うなら、中学生でも作れると私は考えています。

ただし、実際にビジネスモデル・キャンバスを作っていくには「順番」があります。この順番を間違えると、上手にビジネスモデル・キ

ャンバスを仕上げていくことができません。

　さらに、ビジネスモデル・キャンバスに取り組む前にしておく「準備」もまた、存在します。この準備ができていない状態でビジネスモデル・キャンバスの作成を始めても頓挫してしまいます。

　次章からは、実際にビジネスモデル・キャンバスを作っていくための準備をお伝えし、そのあとに順番をお伝えしていくことで、あなたがスムーズにビジネスモデル・キャンバスを完成させるサポートをさせていただきます。

CONTENTS

第2章 ビジネスモデル・キャンバスを作ってみよう【準備編】

第6章 ビジネスモデル・キャンバスで事業計画を完成させる ···· 154

第7章 お金のコントロール ···· 172

第1章

失敗しないビジネスモデル構築
【全体的なコツや注意点】

　本章では、実際にビジネスモデル・キャンバスを使って新規ビジネス（新たなビジネスを始める場合や既存企業が新規事業を立ち上げる場合も含む）を構築する前に、知っておいたほうがいい全体的なコツや注意点などを事例を交えてお伝えしていきます。

強固なビジネスモデル構築手法のコツ
新規ビジネスは「3つの属性」で考える

　そもそも新規ビジネスはかなりざっくりした概念です。

　個人が所属していた組織から独立して新しいビジネスを始める場合でも、既存事業を持つ企業が新たに新規事業を立ち上げる場合でも広義の新規ビジネスです。

　そんな広義の新規ビジネスを私は「3つの属性」で考えるべきだと思います。そして、3つの属性は「高・中・低」ともいえる難易度に分けられます。

　これを知っておくことで新規ビジネスを難しく考えずに済みます。

●新規ビジネスの3つの属性①：難易度・低
「既存商品を新しい市場に投入する」

　1つめは現在ある商品・サービスを新しい市場に投入する方法です。

　既存の市場で成功している商品・サービスを別の場所で展開するた

め、過去の体験パターンを所有している状態でビジネスを始められます。

　例えば、東京の新宿・歌舞伎町で行列のできるラーメン屋があるとします。その店で出しているラーメンは「成功した商品」です。

　これを歌舞伎町に市場が近い場所として大阪ミナミ（難波や道頓堀や心斎橋エリア）の「宗右衛門町」に出店して展開するイメージです。

　ラーメンのような有形資材ではなく、サービス系のような無形資材でも同様です。

　例えば、千葉で成功している税理士が東京に進出するようなことです。新たなサービスを開発せずとも既存の成功しているサービスがあるため、同じノウハウで市場を広げていくことができます。

　また、WEBで展開できるサービスの場合は出店しなくても、商品・サービスの提供を行うことができます。

　現在ある商品を新しい市場に投入する方法は３つの属性で最も成功しやすいため難易度的にも低く、おすすめ度も高いです。

●新規ビジネスの３つの属性②：難易度・低～中
「新商品を開発して既存市場に投入する」

　２つめは新商品・新サービスを開発して既存市場に投入する方法です。マーケティングの世界で言う「アップセル（既存客に、より高額な商品を購入してもらう販売方法）」「クロスセル（既存客に別商品や追加で購入してもらう販売方法）」の考え方です。

　前述の例と同様に、東京の新宿・歌舞伎町で行列のできるラーメン屋が来店するお客様に対して「お持ち帰りの冷凍餃子」や「家でお店の味が楽しめるラーメンセット」を追加販売するイメージです。

　さらに、これらの冷蔵・冷凍商品をインターネットで全国販売する場合もこれに該当します。

スターバックスやドトールコーヒーなどが、店で取り扱っているコーヒー豆を「○○ブレンド」として販売していますが、これもまさに同じ考え方です。

　他にも、レストランが隣の敷地にスイーツ専門店を建てて、レストランに来たお客様にスイーツもテイクアウトしてもらう方法も該当します。

　ポイントは「今いるお客様」に販売することで、新商品・新サービスの開発が必要ではありますが、新規顧客＝新規市場開拓の必要がないため販売コストがかからず一番早く収益化できます。

　3つの属性でも成功しやすいため難易度的には低～中の間で、おすすめ度も高いです。

●新規ビジネスの3つの属性③：難易度・高
「新商品を開発して新しい市場に投入する」

　3つめは新商品・新サービスを開発して新しい市場に投入する方法です。一般的に「新規ビジネス」と聞いて最初に思い浮かべるのがこのイメージです。

　後の章でお伝えする商品、顧客、販路、販促などの「ビジネスモデル」と呼べるすべてを新しく作り出さなければいけません。

　最も難易度が高く、失敗しやすい方法です。

　さらに新規市場開拓ほど難しいものはありません。

　大手であっても巨大なデータベースを使って徹底的に調査して進出しても、うまくいかずに失敗することがあるレベルです。

・市場調査をしたら「テスト」で即行動する

・始める場合は小さく始める（小さくテストする）

・明確な撤退基準（損切りライン）を定めておく

　などの成功のポイントはありますが、私としては難易度の高いこの
やり方をする前に、まず難易度が低い「既存商品を新しい市場に投入
する」「新商品を開発して既存市場に投入する」方法で新ビジネスが
できないかを考えることをおすすめします。
　どちらもすぐに収益化しやすいからです。

「新商品開発＝新規ビジネス」ではない

　新規ビジネスを始める際に、理解しておかなければいけないのは
「新商品アイデアだけではビジネスにならない」ということです。
　後の章で作り方を解説していきますが、ビジネスはアイデアで終わ
らせてはいけません。ビジネスモデルを構築しなければいけません。

　仮に自信のある商品を開発できたとしてもビジネスモデル・キャン
バスになぞらえると次のような疑問が出てきます。

・市場があるか（買ってくれる消費者がいるか）？
・ターゲットの悩みを解決する商品になっているか？
・どの販売チャネルで継続販売数量を確保できるか？
・どのようにして顧客との関係を作るか？
・利益の取れる価格設定や収入の流れになっているか？
・自分たちの持っているリソースはそろっているか？
・どういう活動を通して販売を行っていくか？
・自分たちを助けてくれる協力者は存在するか？
・必要なコストはどのくらいあるか？
・競合や大手に真似をされるなどのリスクへの対策があるか？

これらを、スタートする前から入念に検討し、準備しておくことが必要です。新規ビジネスは失敗しやすいものです。しかしそれは事前準備をしていないからです。

　ビジネスモデル・キャンバスを使って事前に仮説を立て、かつ対策までビジネスモデルの中に含めておければ、スタートしてからも乗り越えやすくなります。

新規ビジネスは「一点突破」で考えるべし

　新規ビジネスを始めるときに最初はどんなものであっても業界内で「後発」に位置します。先述の3つの属性のうちで最も難易度の高い選択肢を取らない限り、業界には先発となる存在がいます。

　さらに、おそらく最初はお金も人脈も人材もほぼない状態で、あるのはノウハウやスキルだけという人がほとんどでしょう。

　そんな状況での戦略は「一点突破」しかありません。

　しかし、中には手広くやろうと考える人もいます。

　例えば、不動産管理業をしていた人が不動産売買業に手を出そうとしたとします。管理業では1件数万円の単価のところ、売買になると1件で数百万〜数千万円の利益が出るため羨ましくなるのです。

　しかし、同じ不動産業でも売買と管理では畑が違います。

　結局は両方とも中途半端になってしまい、本業の管理業もボロボロになってしまうケースはよくあります。

　他にも、飲食業で限界を感じ不動産業に手を出す、不動産仲介で集客できたノウハウを使ってマーケティング支援事業に手を出す、建設業で大きなお金が入り飲食業を始める……これらは私のところに相談に来る人たちから聞く新規ビジネスのイメージですが、このようなエ

ネルギー分散型で新規ビジネスを始めてもうまくいきません。

　特に他業種の新規ビジネスは従業員をノウハウのない世界に投入することになるため、本業でプロフェッショナルな仕事ができなくなってしまうのです。

　くり返しになりますが、新規ビジネスを始めるときの考え方は「一点突破」です。これは経営ノウハウとして広く知られるランチェスター戦略の基本の１つでもあります。

　ランチェスター戦略では、戦力を闇雲に広げるのではなく１つの場所に集中させることで戦局を切り開く「一点突破」が重要視されています。

　新規ビジネスで業界に切り込んでいる中小・零細企業や個人事業主は、大きなマーケット＝マスよりも「小さなマーケット＝ニッチ」で局地的に戦っていくべきなのです。

●新規ビジネスでのエネルギー配分とは？

　失敗するのが当たり前の新規ビジネスでは、エネルギー配分をするときに注意点があります。それは「弱み」よりも「強み」にフォーカスすることです。

　実際に新規ビジネスを始めてもうまくいかないことは多々あります。そんなときについ弱みにフォーカスして改善を考えてしまいます。

　もちろん、改善することは必要です。しかし、そこばかりにエネルギーを注いでも、その努力が報われないことがほとんどなのです。

　ですから、自社の強みを伸ばしていく思考を最初は持つべきです。

　例えば、新規ビジネスで自社の強みが「営業力」にあるならば営業力を強化した方が売上は伸ばせます。

　一方、そのような企業は内部オペレーションが弱みだったりしま

す。その改善は必要なのですが、そちらにフォーカスしすぎて営業力をおろそかにしてしまうと今度は売上が落ちてしまいます。

「それでは、内部オペレーションはいらないのか？」

そう思うかもしれませんが、違います。そちらはそちらで改善は必要ですが、改善ばかりにエネルギーを注いではいけないのです。

10−0の考え方ではなく、9−1や8−2の考え方で「強み」と「弱み」を考えなければいけないのです。

「一点突破」で業界第3位になったスズキ社の例

一点突破の好例として「スズキ株式会社」を挙げてみましょう。『ITmediaビジネスONLiNE』によると、2022年の新車販売台数ランキングで第1位になったのはホンダのN-BOXでした。

第2位がダイハツのタントで第3位がスズキのスペーシアでした。

その後、ダイハツとスズキがランキングを占めた後に第6位が日産のルークス、さらにそこからダイハツとスズキが第10位までを埋めます。

2021年にスズキ株式会社の代表取締役会長を退任した鈴木修氏は、自らのことを「中小企業のオヤジ」と呼び、スズキを弱者と認めた上で軽自動車に的を絞った戦略に打って出ました。

スズキは現在では軽自動車以外にも小型車や乗用車にも進出していますが、それでもメインとなるのは軽自動車です。

新車販売台数第1位となったN-BOXはホンダですが、ホンダのメインは乗用車です。第2位のダイハツはトヨタの完全子会社（2016年より）としても有名です。

そういう意味ではスズキは単独の軽自動車系企業として自社の強み

と弱みを理解し、的を絞った戦略で自動車業界大手に食い込んでいる企業と言うことができるでしょう。

　実際に鈴木修氏は「軽自動車に特化していなかったらうちは潰れていた」とも言っています。

マーケティングは4A→5Aへ。新時代の新しい販売戦略

　ランチェスター戦略をもとに「一点突破」をおすすめしていますが、かつてに比べて現在は中小・零細企業や個人事業主にとって一点突破しやすい時代になっています。

　SNSによってマーケティング戦略が大きく変化したからです。

　アメリカの経営学者フィリップ・コトラー教授は著書『マーケティング4.0』内にてSNS時代の消費行動プロセス（＝カスタマージャーニー）が「4A」から「5A」へシフトしたことを指摘しています。

　従来型の「4A」とは次のものでした。

　わかりやすくスーパーマーケットの例でお伝えします。

　・Aware（認知）：新しいスーパーマーケットの存在を知る
　・Attitude（態度）：その店の特徴を知って興味を持つ
　・Act（行動）：実際にそこへ行って購入する
　・Act Again（再行動）：利便性や商品に価値を感じてリピートする

これがSNSの登場で「5A」に変わりました。

　・Aware（認知）：SNSで何度も表示されることで「そういえば見たこと（聞いたこと）があるな」という状態になる
　・Appeal（訴求）：認知することによってそれまでよりも意識する

ようになり、その商品やブランドに引きつけられるようになる
（「欲しいかも」と思うようになる）

・Ask（調査）：インターネット検索で商品情報や比較サイトや口
コミレビューなどを閲覧して買っても失敗しない商品かどうかを
調べる

・Act（行動）：実際に商品を購入する

・Advocate（推奨）：購入したものの良し悪しを判断して口コミ
サイトやSNSにレビューを投稿することで、ユーザー自身が広告
塔になる

　4Aから5Aの変化でわかるのは、大手企業が行うような大規模な広
告戦略によって消費者の認知さえ獲得してしまえば自動的に購買行動
へつながる時代から、認知させても購入の前の調査段階で評価によっ
て購入を取りやめられてしまう時代になったことです。

　広告を出すメディア、広告の量、口コミレビューの管理、広告投下
した顧客への対応など、4Aの頃に比べてマーケティングで手を打つ
べきところが複雑化してしまっている時代なのです。

　しかしこれは新規ビジネスを始める人にとっては厄介である一方
で、大手に勝てる唯一の方法だとも言えます。

　SNSやブログといった「オウンドメディア」を中小・零細企業や個
人事業主でも無料〜安価に持てるようになり、消費者をファン化して
好評レビューをしてもらうことで、より多くの潜在顧客に認知度を高
めてビジネスをしていけるからです。

　例えば、実際の私のクライアントにフォトグラファーがいます。

　この方は最近の集客の95％がInstagramだそうです。Instagram
を利用しているアラサー女性をターゲットに、自分のポートフォリオ
を定期的にアップすることで、それを見たユーザーから直接依頼があ

るそうです。

　また、SNSといってもInstagram、Twitter、Facebook、TikTokなどさまざまでターゲットも異なるので、新規ビジネスのターゲットにふさわしいメディアを見つけていかなければいけません。
　しかし、かつて大手がやっていたことを安価に、個人でもできる時代になっているわけですからチャンスだといえます。

新規ビジネスは能力の掛け算で「強み」に変わる

　その業界における後発として新規ビジネスを始めようとするときに、いくらニッチを攻めるからといって、たった1人で戦うのは得策とはいえません。
　ビジネスは「顧客の取り合い」です。例えば、あなたのカレー店に客が来たということは、別のカレー店の顧客をあなたが奪ったということであり、売上を上げることは他社の売上を下げることにもなります。

　そう考えるとビジネスは「戦い」といえますし、戦場には勝敗がつきものです。
　3つの属性で考えてより難易度の低い手段を取るとしても、そもそも新規ビジネスは難しいものです。1人で戦場に出る場合、本人の経験やノウハウで勝負するしかなくなってしまいます。
　私としては自分の能力をかけ合わせられる人とパートナーシップを組んで新規ビジネスを行うこともおすすめします。
　1つの強みやノウハウや経験でビジネスを始めるより、2つの強みやノウハウや経験でビジネスを始めるのです。

例えば、マーケティング×デザイン、ホームページ×セールスライティング、工場の建築×内部オペレーションまで支援、営業×生産など思いつく価値はいくらでもあるはずです。

　イメージとしては10＋10＝20になる「組み合わせ」ではなく、10×10＝100になる「かけ合わせ」で能力を考えることです。

　そして、かけ合わせて提供していくものが「価値」になり、対価としてお金をもらえるものになり、ビジネスモデルとしても強固になります。

　新規ビジネスを始める際にはこの考え方を持ってください。

「自分が2つのかけ合わせられる能力を持てばいいのでは？」

　そのように考えるかもしれません。間違いではないです。

　しかし、人間が一人前に能力を得るには「1万時間の法則」という考え方があります。イギリスのジャーナリスト、マルコム・グラッドウェルは書籍『天才！成功する人々の法則』の中で「人が何かを本当に身につけるには累積1万時間が必要」と語っています。

　1万時間といえば1日8時間を3年半です。「3年働いて一人前」と言われるように、1万時間の法則がある以上、1人の人間が2つの強みを作るのには時間がかかるのです。

　それならば、共同経営者としてその分野に強いパートナーを探してコラボ（協業）するべきです。

共同経営者（パートナー）と組むときのコツ

　共同経営者レベルのパートナーを探すときにはコツがあります。

　まず、仲がいい友達と組んではいけません。コミュニケーションをとりやすそうなイメージがありますが、事業が大きくなると必ずと言っていいほどお金の問題でモメて別れます。

それに、仲が良いことは「強み」とは関係ありません。

　それよりも先に、お互いの能力をかけ合わせて「強み」に変えられるかどうかの視点で考えましょう。その上で仲が良いのなら構いませんが、往々にして仲がいい人は能力的に近しいことが多いのです。

　あなたと強みが異なる人たちとは人脈交流会や経営者交流会、有名コンサルタントの大規模勉強会などで出会えるでしょう。

　勉強会などに参加すれば、能力を持った人が本来は自分よりも格上であっても「生徒」という同格の立場で話をすることができます。

　いきなりパートナーシップを組むようなことはせず、能力を見極めて、ある程度の交流をした上でオファーしてみてください。

　もしくは、勉強会を主催する講師と組む方法もあります。

　講師はその時点ですでに能力を持った人です。さらに、勉強会もあなたが興味を持った人物だから参加したのだと思います。ですから、能力的には申し分ないはずです。

　ただし、講師とつながるのは簡単ではありません。あくまで「主催側」と「生徒」という間柄が前提になっているからです。

　例えばですが、講師と組みたい場合は、まず個々の発表の場などで「私は○○先生と仕事がしたい」という意気込みで、ワークショップや宿題でダントツ1位の成績を出すくらいに取り組みます。

　他にも、懇親会があれば必ず参加して講師の隣の席に座って積極的に話を聞いたり（その際は必ずメモをたくさん取る）、もしも許されるようであれば会場の設営や受付などのスタッフ側に回ります。

　いずれの方法を取るにせよ、パートナーと組むときは「自分の得」は後回しです。面倒な部分や損する部分は最初に自分が受けるつもりでいましょう。すると相手も安心してくれます。

さらに、契約書を作ってお互いがどのような業務を行い、どのような責任を負い、どのようなお金の配分をするのかまで決めておきましょう。

そしてできれば共同で1つの組織を立ち上げるようにしてください。それぞれの名刺で1つの新規ビジネスをするのではなく「1つの名刺」で始めるほうが統一感もあり、強みを打ち出しやすいのです。

新規事業開発する前に「なぜその事業を始めるのか？」の目的を明確にする

新規ビジネスを始めるにあたって、実際にスタートさせる前に「なぜその事業を行うのか？」という目的意識が重要です。

すでに既存事業がある企業が新規事業を行う場合、多くは「既存事業が衰退期に入って新しい収益モデルが必要」ということが理由に挙げられます。

その目的を達成するためには「いくらの売上を出せる新規事業を行うのか？」という明確な目標が次に必要になってきます。

1億円の売上が欲しいのに新しい収益モデルが3,000万円しか売り上げられないのであれば、仮にその収益モデルが成功したとしても目標達成はしていないので「成功」とは呼べません。

これは独立して個人事業から新規ビジネスを始めようとする場合でも同じです。

いくらお金が欲しいのか、どんな生活をしたいのか、どれだけ自由を手に入れたいのか（どれだけの労働時間にするのか）といった自分なりの目標設定をしなければいけません。

それをせずに新規ビジネスを始めても、仮に独立前の年収が600万

円だとして独立してからも売上が600万円なのであれば、私としては会社員をしているほうがマシだと考えます（会社員の社会的地位、各種保険への加入、労働時間の担保などの理由から）。

　新規ビジネスを始めるにあたっては、まず「なぜその事業をスタートさせるか？」の目的と「いくらの売上を新規事業であげるのか？」の目標設定を行い、目的と目標が相互に合っているかを考えましょう。

新規ビジネスに最大のリソースをつぎ込める状態にする

　その上で新規ビジネスを行うのであれば、既存の自分が関わっている事業や仕事を「自分がいなくなっても大丈夫な状態」になるまで強固にしておくことが必要です。

　新規ビジネスではあなたのリソースやエネルギーを最大限に注ぎ込むことになります。
　そのときに、既存の事業や仕事が最大限の効率化や時間の使い方、人員の配置ができていないと、本来あなたが向けるべきリソースやエネルギーを既存の事業や仕事に取られてしまうのです。
　ただでさえ新規ビジネスで忙しいにもかかわらず、既存事業でも時間を取られるとなると、あなたは手が回らなくなってしまいます。

　例として、個人がラーメン屋で独立する例を挙げます。現在は1店舗の店長であるあなたがオリジナルのラーメンで独立をするとします。
　そのときに考えなければいけないのは、新しいラーメン店の事ではなく「今いる店の状況」です。
　所属店の売上を全店でダントツ1位になるくらいまで上げているか？　そのための施策があって成功しているなら独立した店でも活用

できるでしょう。

　他にも、
・リピーターをつかむためにどのようなことをしているか
・スタンプカードやLINE登録などの施策をやってきたか
・もしも全社で行わなければいけないならば上申をしてきたか
・スープや麺について自分なりの研究をして、同じ味でも全店で一
　番おいしいラーメンを作れるくらいまで腕を上げているか
　このようなことを振り返ることで「できていること」と「できていないこと」が見えてきます。

　さらに言えば、上記のことがすべてできていたとしても、独立してあなたが経営に集中できるように、開発した味を誰かに任せられるようにリソースを確保しているかも考えなければいけません。
　そうしないと、味も経営も両方しなければいけなくなります。独立した店で味の維持に１日８時間使っているなら、それ以降の時間があなたの「経営者としての時間」になるのです。

　このような状態では基本的に残業ばかりになるので継続できないでしょう。事業は継続できなければ意味がありません。
　継続できる新規ビジネスをスタートさせるためにも、スタート前の「準備」が重要なのです。

5年後、10年後の未来を計画して「断る勇気」を持つ

　新規ビジネスを始めるときの心構えとして「断る勇気」を持つことも大切です。
　新規ビジネスを始めると目先の売上を確保したくなります。

しかし、最初の目標として「年商〇億円が欲しい」と決めたのであれば、その障害となるものは断る勇気を持たなければいけません。未来を達成するための成長率が鈍くなってしまうからです。

「業界を絞ること」も他の業態を断る意味では同じです。

もちろん「すべての目先の売上を断れ」と言いたいのではありません。

最初は生活のために"来るものを拒まず"の精神で何でも仕事を受ける時期があるでしょうし、そうしたくなる気持ちもわかります。

しかし、ずっと目の前の売上だけに執着していると、あなたのリソースと時間はその仕事のためだけに削られて、足を引っ張られてしまいます。さらに言えば、目先の仕事はいつか必ず打ち止めになります。

実際にある製造業の事例で、100万円で受けた仕事を下請けに100万円で流していた人がいました。売上だけは立っているけれど本来取るべき利益を取っていないので利益は0円でした。

しかも、現実に下請けに仕事を流す場合は管理業務が発生します。これも無料でやっていたことになるので実質マイナスです。しかし本人は目先の売上を取ることで頭がいっぱいでした。

こんなことにならないためにも、未来に目を向けましょう。

億単位の目標を達成するのであれば組織化をしなければいけません。組織化には人が必要です。集客も必要ですし、より利益率の高い仕事を取りに行くことも必要です。

そして、未来に目を向けて時間を使っていく方が、新規ビジネスの成長スピードは上がります。

最初は実績づくりも必要かもしれませんが、必ずどこかで「断る勇気」を持つタイミングが来ることを想定しておきましょう。

新事業の総責任者は社長
未来計画の時間を作るための「任せる勇気」を持つ

　何かのプロジェクトを始めるときには必ずそこに「責任者」が存在するものです。新規ビジネスも同様に、スタートさせる際には「総責任者」となる存在がいます。

　それが「社長」です。社長は自分のリソースをすべて新規ビジネスに投下しなければいけません。しかし、社長自身が売上を作っていく状態を継続していてもビジネスを大きくしていくことはできません。

　よくあるパターンなのが、社長自身がトッププレイヤーとして現場の先頭を切ることです。確かに能力としては一番高いので売上を作ることには長けているかもしれません。

　しかし、このパターンは「労働集約型」と呼ばれます。事業活動の主要な部分を個人の労働力に頼っている（仕組化していない）状態です。売上が上がれば上がるほど忙しくなって他に時間を割く余裕がなくなってしまいます。また、もしも当人がいなくなったときに変わりがおらず、一気に売上が落ちる危険性もあります。

　社長自身がプレイングマネジャーとしてこのパターンになってしまうと、社長の労働時間の限界が売上の頭打ちにもなってしまいます。

　社長が「これ以上は働けない」となっているところから上の売上は取ってはいけないのです。

　社長がすべきなのは売上を作ることではなく「売上を作る仕組み」を作り会社を働かせて売上を上げる仕組みを意識して、組織化、マネジメント、雇用すること、業績を伸ばすこと、ビジネスモデルの戦略・戦術を考えることをしていかなければいけません。

　そのためには社長自身は仕事を任せていく必要があるのです。

●社長自身のタスクを見える化して任せよう

まずやるべきは、自分自身の細かいタスクの棚卸しです。

棚卸しができたら「任せられること」と「自分がしなければいけないこと（任せられないこと）」に分類します。

営業のメールや電話の時間、会議の時間、スケジュール管理の時間、名刺整理の時間など、本来は秘書や事務員に任せるべきことを何でも自分でやろうとしていないでしょうか？

任せられることを任せることによって初めて社長の時間が生まれます。そして、その生まれた時間で5～10年後を考えた会社づくりを先頭を切って行っていくのです。

もちろん、任せることによって効率が落ちたり、売上が多少は落ちるでしょう。しかし、先述の「断る勇気」のように「任せる勇気」も目標設定をしたタイミングで考えなければいけないことです。

まずは新規ビジネスのための時間を作るところからスタートしてみてください。

オペレーション部分以外を丸投げしてはいけない

ただし、任せるときにはポイントがあります。

あくまでも人に任せるのは実際の業務の「中身」であるオペレーション部分で、戦略や戦術といった「箱」の部分は社長自身が作り、かつマネジメントしなければいけません。

わかりやすい例としてラーメン屋を挙げてみます。ラーメン屋の新規ビジネスをするとして、社長自身が経営に集中するために店長（責任者クラスの人材）を募集して雇用できたとします。

このような場合に失敗するパターンとしてあるのが、新しいラーメ

ンを作るところからその店長に任せてしまうものです。

　どんな味にして、価格をいくらにして、どこから仕入れて、営業時間は何時から何時までにして、人の採用やマネジメントまで任せて……といった、まさに"丸投げ状態"で新規ビジネスを始めても必ず失敗します。

　そもそも、新たにビジネスを始めたような零細・個人系の組織に経営やマネジメントが完璧にできる人材はきません。経験者であってもそれはあくまで「現場」の経験者です。

　ですから、任せていいのはオペレーションまでです。

　どんなラーメンにするか、価格、仕入れ先、営業時間、採用、市場調査、集客（営業活動）などはすべて社長が先頭を切って決めていかなければいけません。

　さらにラーメン屋で言えば、社長自身がベストなラーメンを作れる状態になって初めて任せることができます。

　もちろん、そのためには勉強の時間も必要でしょう。

　勉強の時間を作るためにも、任せられる部分を任せていく必要があるのです。

新事業の販売戦略。大手にできない販売戦略を取る

　次は販売戦略についてお伝えします。

　先述のコトラーが1980年に提案した競争戦略の理論に「競争地位戦略」があります。マーケット（市場）を4つに類型化し、各地位に応じた戦略を提示しました。

　①リーダー：トップの市場シェアを持ち、価格、新製品、販売促進などで業界を牽引する立場にある企業。質・量ともに最大の経営

資源を持つ「大手企業」の地位。自社のシェアを維持・増大させることに加えて市場全体を拡大させることが戦略目標となり、ターゲットは「全方位・フルカバー」である。

②チャレンジャー：業界2～3番手に位置する企業で、質的にリーダーには及ばないもののリーダーに挑戦しトップを狙う大企業。シェアが高まると収益性が高まることがわかっているため、リーダーができないことをやる「差別化戦略」を取ることによってシェアを高めることを戦略目標とする。

③フォロワー：業界で2～3番手に位置する企業だが、大手企業に比べて質・量ともに相対的に劣るため、業界トップになることを狙わずに競合他社の戦略を模倣する。市場シェアを狙えるような際立った独自性を持っていないこともある。製品開発コストを抑え、高収益の達成を戦略目標とする。

④ニッチャー：シェアは高くないが質的な経営資源には優れているため、すき間市場（ニッチ市場）で独自の地位を獲得しようとする企業。扱う商品の価格帯や販売チャネルなどを限定し、専門化して収益を高める戦略目標で、特定市場においてミニ・リーダーとなり得る。

　新規ビジネスを始める際の販売戦略は、必ず「④ニッチャー」の戦略を取るようにしてください。
　逆に①～③が取る以下の戦略を取ってはいけません。

・フルラインナップ戦略（すべてのお客をターゲットにする）
・同質化戦略（他に歩調を合わせてライバルの効果を減ずる）

すべての顧客をターゲットにしようとしてもすべての層を対象とした商品開発では大手企業には追いつけません。

また、価格に歩調を合わせようとしても大量生産できる大手企業のように大量販売ができません。

小さな組織には小さな組織なりの戦い方があるのです。

値下げ合戦に参加しても事業は継続できない

コトラーの競争地位戦略について、私のクライアントのスイーツ店の例でお伝えしたいと思います。(数字は変えていますので、一参考までにお伝えしていきます。)

そのスイーツ店ではシュークリームがトップシェアを誇る商品でしたが、シェアはトップでも数としてはあまり売れていませんでした。

すぐ近くにもっと安いシュークリームを売るスイーツ店Bがあったからです。私のクライアントの店が190円で売っていたところ、スイーツ店Bは120円で売っていました。

私のクライアントは売上を上げるためにスイーツ店Bに合わせて価格を下げようと考えました。要するに安売りして値下げ合戦に参加しようとしたのです。

私はこれを止めました。値下げ戦略は確かに一時的には売れます。しかし、すぐに真似されて売れなくなってしまうからです。

値下げ戦略は「利益を減衰させること」ではなく大量生産によって効率よく生産ができ、さらに薄利であっても多売によって利益を取れる場合に有効です。

私のクライアントは大手ではありません。大手ではないスイーツ店が値下げ合戦に参加しても利益を圧迫してしまうだけで、一瞬の売上

のドーピングにはなりますが、長くは続かないとアドバイスしました。

　私は逆の提案をしました。原価や価格を考えずに、とにかくそのお店でできる最高においしいシュークリームを開発してもらったのです。
　もともとシュークリームが店のトップシェアになるくらいの技術力があったので、結果的にものすごくおいしいシュークリームができました。190円で売っていた頃よりもおいしいものになり、原材料費を計算すると価格は300円が妥当だということになりました。
　最初の時点から110円も値上がりしたことになります。
　しかし結果は「高くてもおいしいものを食べたい」というお客のニーズにヒットして、300円のシュークリームは売れました。
　このような戦略を「高級化志向の戦略」と呼びます。
　さらに、価格を上げたことで利益自体も底上げでき、かつ他の店にはない「この店にしかないシュークリーム」を作ったことで差別化までできたのです。

新商品開発で失敗する3つのポイント

　前項の例では私が高級化志向の戦略で高級シュークリームを提案しましたが、新規ビジネスで商品開発をする際には、大手企業が真似しにくい高級化志向に加えてリリースするためのスピード感も大切です。
　新商品を開発する場合、多くは複数人、もしくは自分とパートナーとで会議や話し合いを行い、新商品を決めていきます。
　あるいは、外部のコンサルタントを入れて意見を聞くこともあるでしょう。プロであるコンサルタントに丸投げしたくなるかもしれませんが、それもあくまで新しい情報や視点をもらうサポーターとして考えましょう。情報を入れた上で自分たちが先頭に立って開発を行うのです。

ただし、どのような場合であっても「会議だけでいいものはできないこと」をまず頭に入れておいてください。どんなにいい商品を思いついても、それが実際に売れるかどうかは誰にもわかりません。

　新商品開発でミスをしやすいパターンとしては３つあります。

　これらを念頭に入れた上で新商品開発を行ってください。

　・いつまでも正解を探して机上の空論で終わってしまう

　・売れると思い込んでいきなり大量展開してしまう

　・商品の思い入れが強すぎて売れないのに撤退できない

　まず、いつまでも正解を探してしまうパターンは、会議で「完成」の段階まで持って行こうとすると起こります。

　先述の通り会議だけでいいものはできません。会議の役割はとりあえず「これで売れるのではないか？」という仮説を立てるまでです。

　その上でとりあえずプロトタイプ商品を完成させて、そこからは小さくテスト販売する必要があります。

　次に、大量展開してしまうパターンは、会議内でパッケージデザインまで決めて高額なデザイン会社に発注したり、仕入れる際にも万単位のロットで注文してしまったり、アドバイスを受ける際でも高額なコンサルタントにお願いをしてしまうようなことで起こります。

　会議で完成まで持って行こうとする際の派生で起こるミスだと思ってください。

　仮に高額をかけて満足のいく商品を大量に仕入れたとして、そこまでに至る道で大金をかけたとして、現実にそれが売れなかった場合は「行き場所のない在庫」に埋め尽くされるだけになります。

　最後に、思い入れがあって撤退できないパターンは、そもそも「い

いものさえ作れば売れる」という思い込みから起こります。

　もちろん、これは間違いです。いい商品だからといって売れるとは限りません。しかし、事前にこだわって商品開発することで思い入れが強くなり、売れないのにコストをかけていつまでも売り続ける事態になってしまいます。

　実際の失敗事例として、キャンピングカーを営業代行業者を使って販売する新規ビジネスを考えたクライアントがいました。競合もなく他にあまりない商品で、しかも低価格だったため本人は自信満々で「月３台売れればいい」と息巻いていました。しかし、実際は月１台も売れませんでした。

新商品を開発したらテスト販売で小さく売る

　これらの失敗を踏襲しないためにも、ぜひやっていただきたいのが「テスト販売」です。

　これは「テストマーケティング」と呼ばれる方法で、新商品・新サービスを大きく展開させる前に試験的・限定的に展開させて反応を見るマーケティング手法です。

　テスト販売をすることで失敗確率を大きく下げることができます。

　また、テスト販売することで、いいものであっても実際には売れないことがわかれば、早期に撤退することで被害を最小限に抑えることもできます。

●テスト販売するときの３つのポイント

　テスト販売を行う際には３つのポイントがあります。

　　・複数の販売チャネルを持つ
　　・撤退基準を決めておく

・販売を代理店任せにしない

　まず、販売チャネルは複数持っておきましょう。

　ネット通販だけでもAmazon、楽天、自社サイトなど複数のECモールやECサイトを使うことで販売チャネルを増やすことができます。「ここしか売るところがない状態」では１つが失敗したところで心が折れてしまいかねません。

　そうではなく「ここがダメなら他へ行く」という複数のチャネルを持っておけば、仮に１つがダメでも次の戦略を取れるのです。

　次に、撤退基準を設けておきましょう。

　単純化するために、ここでは１年を最大として考えましょう。

　最終消費者に受け入れてもらえない＝売れない状況がテスト販売で１年も続いた（もしくはその見込みが数ヶ月でついた）のであれば、それはもう「魅力がない」という答えが出ています。

　テスト販売自体もコストがかかりますので、あまり愛着を持ち過ぎず、商品とはいい距離感を保った上で大ケガを避けるために速やかに撤退して次へ行きましょう。

　最後に、販売は代理店任せにせず、社長自らが売るつもりでいましょう。これも「先頭に立つ」の１つです。

　仮に、販売チャネルを代理店任せにして売れたとしても、それは販売ノウハウを向こうが持っているわけで、ノウハウが手に入らず社長が成長しません。

　もしくは、代理店が「もう御社の製品は売らない」「代行費用を30％上げて欲しい」などの無茶を言ってきたときに相手の言いなりになってしまいかねません。

　新商品を自分で作って、さらに自分で売れて初めて「新規ビジネ

ス」といえます。まずは自分で売る方法を確立して、その方法を代理店に教えて売ってもらいましょう。

新商品を世に出すにはタイミングがある

テスト販売が好調であれば、プロトタイプ商品を「完成品」に仕上げていきます。商品ができ上がれば次は本格的に世に出します。

ただこのときにも失敗するケースがあります。販売する「タイミング」を考えていないためです。

新商品・新サービスを開発すると、誰しも「すぐに世に出したい」と思うものです。せっかくコストをかけて作ったものを早く出さないと類似商品が先に出てしまうかもしれません。

しかし、仮に急いだとしてもタイミングを誤ると期待するほど売れずに終わってしまいます。

タイミングを見るときに参考になるのが「プロダクト・ライフサイクル」と呼ばれるマーケティングの知識です。

人間が赤ん坊として生まれて老人になって死ぬように、プロダクト＝製品にはライフサイクル＝人生があります。

プロダクト・ライフサイクルは、製品が誕生してから消失するまでのプロセスをグラフにしたものです。

次の図をご覧ください。

図解 1 章- 1

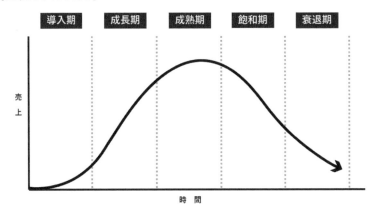

具体的にプロダクトには 5 つの時期があります。

・導入期：市場にプロダクトが投入されたばかりの時期
・成長期：消費者や市場がプロダクトを認識し急速に普及する時期
・成熟期：競合他社や類似商品が現れる時期
・飽和期：需要が停滞して売上が頭打ちになる時期
・衰退期：ニーズがなくなり売上が減っていく時期

これら 5 つの時期のうち世に出すのは「導入期」と「成長期」です。
それ以降はいわゆる「レッドオーシャン状態（競争相手が市場に非常に多く、競争が激化している状態）」となるため、新規ビジネスを始めても期待する売上を得られるとは限りません。

● 「導入期」「成長期」のメリット・デメリット

ただし、導入期と成長期にはそれぞれメリットとデメリットがありますので、見極めていかなければいけません。

まず、導入期は新プロダクト自体が真新しいもので、市場にも消費者にも認識されていないため売れにくい状態です。ですから最初は売るのにコストがかかります。

　しかし、その分の先行者利益は大きくなります。後発が現れたとしても圧倒的な差を見せつけることでトップを走ることができます。

　次に、成長期は急速に普及する時期なので、世に出すことで認識されやすく、売れやすい状態です。ただ導入期ほどの先行者利益は得られません。

　しかし、私のおすすめは「成長期」に発売することです。より正確に言うのであれば「導入期と成長期の端境期＝成長期の初期」と言えるでしょう。

　このタイミングなら先行者利益と認識のされやすさの両方を獲得することができるからです。

　これのわかりやすい例がYouTubeです。今では一般人だけでなく学者、ジャーナリストや芸能人も参画していますが、ほんの10年前はほとんど知られていない存在でした。

　その先駆者ともいえるのがMEGWIN TVのMEGWINさんやジェットダイスケさんです。

　そして彼らの次に出てきたのがチャンネル登録者数1,000万人超えのはじめしゃちょーさんや、テレビ出演もされているHIKAKINさんです。

　私の感覚では後者の2人は導入期からYouTubeに動画投稿をし、ちょうど成長期に移る頃にブレイクしました。

　今では多数のYouTuberが毎日のように誕生していますが、この2人を超えることは困難でしょう。まさに彼らは先行者利益を獲得した存在といえます。

あなたが開発する新商品がプロダクト・ライフサイクルのどの位置に属するかはわかりませんが、世に出す際にはこれらのタイミングを見極めることが重要です。

さらに言えば、先に市場を観察してライフサイクルがどこにあるかを見極めた上で、導入期のプロダクトを真似て商品開発をする昔の松下電器のようなやり方（昔の松下電器は「マネ下電機」と揶揄されていました）もいいでしょう。

新商品は「松竹梅」のどれかで売上を取れるようにする

新商品開発のコツをお伝えします。1つの新商品を作ったら、できればその時点で3種類のラインナップを用意できるように設計しましょう。方法は「松竹梅」です。

商品を3種類ラインナップにする方法は「松竹梅の法則」や「ゴルディロックスの法則」としてご存知かもしれません。

しかし、これは顧客側の購買心理効果の話で、これからお伝えする話とは少し趣が違います。

商品が1つしかないと購買行動は「買う」か「買わない」かの2択になります。

しかし、松竹梅の価格で3つの商品があるとそれぞれに「買う／買わない」の心理が働くので6択で考えさせることができます。

仮に「松」の一番高額商品を買ってもらえなくても「竹」か「梅」の商品なら買ってもらえるかもしれません。ラインナップにしておくことで客に「買わない」の選択を取られる可能性を減らすことができ、全体としての売上を上げることができるのです。

他にも、お試しで「梅」の商品を購入した客がリピートした際に、次は「竹」や「松」の商品を買ってもらえるようにすることでアップ

セル（既存客により高額な商品を購入してもらう販売方法）を狙うこともできます。

新商品を開発したときに松竹梅を作る方法はそれほど難しくありません。新たに作る必要はなく、最初に作った新商品から足し引きすればいいのです。

まず、新商品そのもののグレードを「竹」と考えます。その上で廉価版にした場合の仕様を考えてそれを「梅」とし、逆にグレードアップさせた仕様を「松」とするのです。

例えば、チラシの製作であれば30万円のものをベースとします。そこにセールスライターを使ったプランであればより精度の高いものができますのでグレードアップとして「松」の50万円、逆に自分の工数がかからないよう、ある程度のテンプレートを使う廉価版をダウングレードとして「梅」の10万円のようなイメージです。

戦略的な動線のあるウェブサイトを作成する

コトラーの5Aのところでもおわかりの通り、商品を販売するときの現在のメインはインターネットでの集客です。

新規ビジネスで商品を販売していく段階になると、ほとんどの人はホームページやランディングページなどの自社サイトを作ると思います。最近では決済機能が最初からついているサイトもあるので、1つの場所で商品の認知から販売までを行ってしまえて便利です。

しかし、インターネット上で認知をしてもらって自社サイトなどに集客を行っていく際に、サイト内の動線がうまくいっていないことで思ったように売上が上がらないことは多々あります。

一例として実店舗でのスターバックスで考えてみます。

・レジに並ぶ前に空席を確認して確保する

・レジに並んで注文をして支払いを済ませる

・隣にある受け取り口に移動して注文を受け取る

・飲食後はダストボックスに自分で捨てて店を出る

　この動線はマクドナルドなどのファストフードやフードコートでも同じです。商品がコーヒーからハンバーガーに変わったり、買い方が食券になるくらいの変化です。

　この動線は最小のオペレーションで最大の販売ができる見事なものです。

　この動線を販売用のホームページ上でも再現する必要があります。

　通常であれば販売用のホームページ上でも商品ページがトップに来て、その魅力（おいしさ、便利さ、デザイン性の高さなど）を伝えたあと、買いたくなった消費者を購入フォームに誘導して個人情報の入力をして決済をしてもらいます。

　しかし、悪いホームページの場合はいきなり企業の概要（会社概要）があったり、決済ボタンがページの一番下まで行かないと見つからなかったりして、消費者の購入意欲を減衰させてしまっていることが多いのです。

　ホームページを作成する際は製作会社に任せきりするのではなく、動線まで発注側が戦略的に考えた上で指示をし、作ってもらうようにしなければいけないのです。

「新規事業の失敗確率は高い」のマインドを持つ

　新規ビジネスを始めるときは基本的に「経験なし」「人脈なし」「ノウハウなし」のはずです。既存の仕事で独立をする場合でも、新たに

スタートアップ企業や個人事業主などの「経営者」という未知の領域で戦っていくことになるでしょう。1店舗目が成功して2店舗目を出すような「同じ事業を新しい場所で行う場合」にしても土地勘が違う＝市場が違うためうまくいかないことも多々あります。

　つまり、新規ビジネスは失敗するのが当たり前の世界です。

　そんな世界ですから「うまくいくだろう」くらいの気持ちで始めてはいけません。失敗しない前提で商品づくりをしたり、事業展開をするべきではありません。

　むしろ、小さくスタートさせて社長自身が学びながら継続させ、一歩ずつ成功させていくマインドが必要なのです。

既存事業を持っている人は先にそちらを改善する

　もしもあなたが既存事業を持っていて、そちらが斜陽になって補填のため、または新たな収益源を手に入れるために新規ビジネスを始めたいのであれば、まずやるべきは「既存事業の改善」です。

　私の経験では、新規ビジネスを始める際に既存事業がボロボロの状態の人も少なくありません。市場が衰退している既存事業に手をつけずに新規ビジネスに手を出そうとする人たちです。新規ビジネスに目が行くと既存事業に目を向けられなくなる人は少なくありません。

　しかし、そのような場合であっても、既存事業に手を入れることで立て直せることもあるのです。

・売上高は大きいが利益率が低すぎる事業だけに集中していないか
・受注先が1社依存状態になってしまっていないか（納入先を増やせないか）
・不採算事業になっているのに業務改善に資源をいつまでも投入し

ていないか

　といったことを見直し、もしも可能であれば衰退している既存事業
を改善する施策を取るようにしてください。
　その上で、新規ビジネスに手を付けていくのです。あくまでも、新
規と既存はどちらか１つではなく両方を取る施策を考えましょう。

次々とビジネスを生み出せる「戦略的起業家」になる

　その上でここまでお伝えしてきた考え方や、この先にお伝えしてい
くやり方を通して新規ビジネスを生み出していきます。
　しかし、新規ビジネスは１つ作って終わりではありません。新しく
作ったビジネスも、時間の経過とともに「新たな既存事業」となるか
らです。

　ですから理想を言えば、次々とビジネスモデルを生み出せる人間に
あなたがなることです。その心構えを最初から持った上で本書を参考
にしてもらいたいと思います。
　どんな事業でも衰退します。その衰退期に既存事業を延命しようと
経営資源を投入する（人を雇う、お金をかける、設備投資する、生産
性アップを図る、効率化を図る、ITツールを導入する）などしても
市場が衰退した状態ではうまくいきません。
　先述の通り、プロダクト・ライフサイクルがありますので、いつか
はその新規ビジネスは衰退期を迎えます。そのときに１つしか事業を
持っていないと倒産しかねません。

●世に出した後も次々と戦略を打ち出す
　これは商品開発でも同じことが言えます。１つの商品を売り出した

ら、次々と施策を打ち出すことが必要です。

　ただし、このときは新商品をどんどん開発するのではなく「世に出す方法」を考えてみましょう。

　例えば、YouTubeで自社商品を宣伝するなら同じ商品の切り口を変えた動画を作れないでしょうか。または、InstagramやTwitterなどのまだ使っていないSNSを活用して、同じ商品を紹介できないでしょうか。

　事業を継続していくためには新規ビジネスを作り続ける必要があります。そして、新規ビジネスで新商品開発をしたらそれを広く認知されるような販促戦略が必要です。

　そのような癖づけを１つのビジネスモデルを構築する上で身につけ、習慣化していってもらいたいと思います。

　次々とビジネスモデルを生み出せるような「戦略的起業家」になりましょう。

やってはいけない新事業
複数の新規事業を同時にやろうとしてはいけない

　アイデアマンな人が新規ビジネスを立ち上げるとき、いくつものアイデアが浮かんできて「あれもこれも」と一度に複数の新規ビジネスをスタートさせることがあります。

　しかし、中小・零細企業や個人事業主の場合、最初はどうしても経営資源が限られてきます。限られた経営資源をどう効率よく使うかがポイントなので、やはり最初は１つに絞って新規ビジネスをスタートさせることを強くおすすめします。

　私のところに起業相談に来た人の事例として、サッカー場と接骨院

を同時展開で行おうというアイデアがありました。

　サッカーでケガをしたとしてもすぐ隣に接骨院を併設してあるため即座に対応できます。そうやってシナジー効果を狙いたいという相談でした。アイデアとしては決して悪いものではありません。

　しかし、そもそものサッカー場が成功するかわかりません。新規事業は1つを成功させるだけでも大変なのに、2つを同時に行うのは失敗の可能性が上がるだけです。

　サッカー場が成功しなければ接骨院もシナジー効果を生みませんし、そもそも接骨院だけで成立するならそちらに経営資源は集中すべきです。

　あるいは、小さく始めてテストをする場合でも複数を同時にテストするのは良いですが、結果が出たときは、仮にそれが両方とも良い結果であったとしてもスタートさせるのはどちらかに絞るべきです。

　この例の場合であればサッカー場か接骨院かのどちらかを先にスタートさせ、もう1つはアイデアとしてテストをしながら温めておいてタイミングを見てスタートさせればいいのです。

　経営資源をどう配分するかの考え方は社長の能力として重要です。社長の仕事は損失拡大を防ぐことが最重要で、収益拡大はその次です。

　倒産させたら終わりですので、慎重に事を運びましょう。

大量販売商品を主力とした事業はやってはいけない

　小さな会社は「大量販売商品」を主力とした事業をしてはいけません。なぜなら、それは「薄利多売」のビジネスモデルだからです。

　そもそも、薄利多売は大手企業だからできる戦略です。一定の販売量を超えないと利益が出ません。

一例として不動産業界の薄利多売を例に挙げます。

　駅前の居住用物件を取り扱う不動産仲介業を始めるとしましょう。参入障壁は低いので資格や不動産業界での経験があれば、すぐに始められるメリットがあります。

　しかし、基本的なビジネスモデルが、不動産関連のプラットフォームに莫大な広告費をかけて物件を掲載し、選択してもらうものです。しかも、居住用の賃貸物件は1軒の売上が数万円の世界です。コストを支払ったあとの利益はたかが知れています。

　このビジネスモデルを否定しているわけではなく、成功する道筋があって参入したり、大手企業が全国展開でこれを行うのであればいいですが、他のアイデアが無いから、参入障壁が低いからという理由でやってはいけないということです。小さな会社がやろうとすると経営資源が限られているため「多売」ができず、結果的に「薄利」だけになってしまいます。

　では、どうすればいいでしょうか？小さな会社がやるべきは「高級化志向の戦略」です。値上げ戦略（シュークリームの事例）でもお伝えしましたが、付加価値をつけて高級化することによって小さな会社は利益を取って行けるのです。

　居住用の不動産仲介業でも高級住宅専門にすれば、高級住宅は家賃も高いので売上の桁が変わり、1軒で数十万円の売上になります。

　さらに高級住宅系の不動産会社は他にもたくさん市場にいるので、そのときはエリアなどを絞ります。湾岸専門、広尾専門、ペット可能な高級住宅専門、夜景が見える高級住宅専門など「高級化志向の戦略」の中でもさらに絞り込むことで、アイデアを出しやすく差別化しやすいようになります。

「儲かる地域ナンバー1」を目指すこと

　高級化志向の戦略、値下げ合戦への不参加、薄利多売の回避、ニッチ市場を目指す……ここまでお伝えしてきた中小・零細企業や個人事業主などの「小さな会社」の戦略をランチェスター戦略的にまとめると「地域ナンバー1」と呼ぶことができます。

　ランチェスター戦略ではナンバー1の定義を「2位を圧倒的に引き離したダントツの1位」と定義しています。言うなれば「儲かる地域ナンバー1」を目指すことが小さな会社の最善の戦略です。

　ただし、このときに重要なのは、仮に地域ナンバー1になったとして、どれほどの売上や利益を上げられるかを事前に調査しておくことです。

　調査の具体的な方法に関しては後述しますが、調査以前に手軽に行えるのが「フェルミ推定」です。

　フェルミ推定とは、現実には調査が難しいような「数価」をいくつかの手がかりをもとに論理的に推論し概算を出す方法です。ノーベル賞物理学者のエンリコ・フェルミが考案したことから、こう呼ばれるようになりました。

　一例として、飲食店で和食の料理屋をしていたと仮定し、新規事業で和菓子のネット通販を始めるとしましょう。

　その際に、和菓子のネット通販をした場合で、売上高の目標をたてなければなりません。シェアナンバーワンを取るためには、いくら売上れば良いのか、10%のシェアなら売上高はいくらになるのかを、具体的に把握しておく必要があります。それらの数値から、具体的な目標を定めていきます。

ネット通販をする場合は、Amazonや楽天、Yahoo！等の大手EC
サイトで販売することが基本です。この３つのどこかで出店すること
になりますので、この３つで出店している和菓子の売上規模を推定で
きれば良いわけです。

　例えば、楽天で出店してその売上規模の10％を取った場合は、ど
れくらいの売上になるのかを推定します。
　その分析方法の一つとして「レビュー数」で売上高を推定していく
方法がありますので紹介していきます。

　まずはじめに、楽天市場のサイト内キーワード検索で「和菓子ラン
キング」と検索して、最低ランキング50位まで分析をしてみましょう。
　推定するには、素材を集めなければなりません。その素材は、
①レビュー投稿割合（投稿率）
②レビュー投稿数
③平均販売単価
　３つを集めていきます。

①レビュー投稿割合（投稿率）
　購入してくれたお客様の内、レビュー投稿をしてくれる割合という
推定方法があります。
　楽天市場でのレビュー投稿率は、ジャンルにもよりますが２％前後
と言われています。ただし、食品関係は、レビュー投稿率が上がるた
め、今回は仮に５％で推定してみましょう。

　素材①：レビュー投稿割合（投稿率）５％

②レビュー投稿数

　次に、レビュー投稿数として1年間のレビュー投稿数を数えていきます。

　その方法は、楽天市場のサイト内にあるキーワード検索の入力欄に、「和菓子」や「お取り寄せ　和菓子」などと入力して検索してください。

　検索結果で出てきたものの中から、レビュー投稿数を数える対象は、ランキングの50位までとしましょう。

　レビュー投稿には、投稿した年月日が記載されているので、直近1年間分の件数を数えれば良いのです。

　簡単な数え方は、次のように検索の絞り込みをしてみてください。レビューの中から、新着レビュー順に並び変え、購入者限定で検索をかければ、簡単に件数は算出できます。

　絞り込みをした結果、この店舗は1年間で135件のレビュー数、この店舗は、210件のレビュー数、この店舗は75件といったように数えて、Excelなどに入力していき、合計すれば良いのです。今回は、合計したところ、1,002件となったと仮定します。

素材②：レビュー投稿数　1,002件

楽天市場　和菓子（1年間　レビュー数　TOP50）	
	135
	210
	75
	30
	165
	75
	157
	30
	45
	50
	30
合計	1002

③販売平均単価

　販売平均単価は、参考にしたTOP50の平均の販売単価で仮置きします。今回は販売単価5,000円として、計算してみましょう。

　できるだけ正確に販売平均単価を算出するためには、レビュー投稿数を数えた店舗の販売単価の合計を、店舗数で割れば平均販売単価を算出できます。

・（店舗ごとの販売単価の合計）÷（対象の店舗数）＝平均販売単価
・（6,000円＋4,000円＋5,000円）÷3店舗＝5,000円※
　※上記算定式は、3店舗分の計算式ですが、今回のように50件を分析したのであれば、50店舗分の販売単価を合計して、割る（÷）50件で平均販売単価を算出してください。

　素材③：販売平均単価　5,000円

ここまでで、売上高を推定するための素材として、
素材①「レビュー投稿割合（投稿率）」＝5％
素材②「レビュー投稿数」＝1,002件

素材③：「販売平均単価」＝5,000円
が揃いました。

この素材３つを、次の算定式に当てはめれば、目標とする売上高を算出できます。

（算定式）
売上高の３ステップ算定式

ステップ（1）．レビュー投稿数 ÷ レビュー投稿割合＝推測の販売件数
ステップ（2）．（1）の推測の販売件数×販売平均単価＝楽天市場 売上高
ステップ（3）．（2）の楽天市場 売上高×10％（ここに目標とする売上割合を入れる）＝目標売上高

実際に数字を入れて計算してみると、
ステップ（1）．1,002件÷５％＝20,040件
ステップ（2）．20,040件×5,000円＝100,200,000円
ステップ（3）．100,200,000円×10％＝10,020,000円

楽天市場で和菓子の売上高のうち、10％を取りに行く場合の目標売上高が、10,020,000円と算出できました。

ここでのポイントは、この売上目標高をみて、AmazonやYahoo！なども同じように算出して、合計してみてください。合計してみた結果、取りに行く市場規模が小さすぎるというのであれば、この新事業を行う意味があるのかという議論になります。
逆に、例えば欲しい売上高が３億くらいの新規事業を作っていきた

いとして、実際に今回のような市場規模調査で10%の市場シェアを算出して、調査結果後に100億と算出された場合は、取りに行かなければいけない市場規模を調査前の3億に対して、調査後100億だとわかった時点で大きすぎると判断できます。この場合は、もっと市場の絞り込みをする必要があります。絞り込んで、小さなところでナンバー1を取りに行くのです。

●自社ホームページで考える横浜のエアコンクリーニングの推定集客数

　サービス業全般でのネット集客であれば、一般的には自社のホームページ経由で集客します。

　広告をかけないのであれば、Googleなどの検索結果から、自然流入で集客をしていきます。その際に、ホームページで考える、例えば「エアコンクリーニング　横浜」の推定集客数の算出をしてみましょう。

　横浜のエアコンクリーニングというキーワードで、どれだけホームページ集客ができているのかを推定します。使うツールは「検索数予測ツール」です。検索数予測ツールはいくつもありますが、今回は、無料で使えるアラマキジャケで紹介します。

　http://www.aramakijake.jp/

キーワード検索数チェックツール | aramakijake.jp ＞ チェック結果

検索数予測ツール　　競合検索数予測ツール

チェック結果

関連語：エアコンクリーニング 横浜市中区　エアコンクリーニング 横浜市　エアコンクリーニング 横浜市泉
区　エアコンクリーニング 横浜市緑区　エアコンクリーニング 横浜市港南区　エアコンクリーニング 横浜
エアコンクリーニング 横浜 磯子区　エアコンクリーニング おすすめ 横浜　エアコンクリーニング 横浜市都筑
区　エアコンクリーニング 横浜 分解

「エアコンクリーニング　横浜　」の月間推定検索数

Yahoo! JAPAN **176**　Google **704**

▸ データをCSVで保存する

「エアコンクリーニング　横浜　」の月間検索アクセス予測数

◁「エアコンクリーニング　横浜　」で1位になるために必要な対策をご案内します（無料）

	Google	Yahoo! JAPAN
1位	298	74
2位	84	21
3位	59	15
4位	42	11

　実際に「検索数予測ツール」で「エアコンクリーニング　横浜」とい
うキーワードを入力してみたところ、Yahoo!で176件、Googleで
704件という月間検索予測数が出てきました。

「エアコンクリーニング　横浜」というキーワードを狙って、検索順
位の上位を攻略して、検索キーワードの表示順位で、2位を取ったと
仮定しましょう。

　検索結果の表示順位によって、クリックされる確率というものがあ
ります。検索して表示される順位の1位のサイトをクリックするのは
28.5％といわれ、2位は15.7％といわれています。

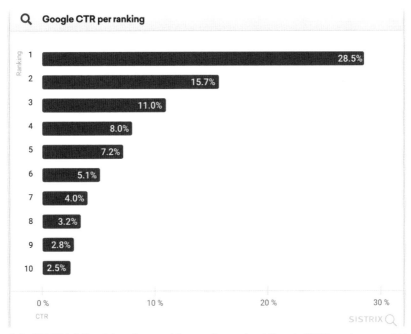

Q **Google CTR per ranking**

Ranking	
1	28.5%
2	15.7%
3	11.0%
4	8.0%
5	7.2%
6	5.1%
7	4.0%
8	3.2%
9	2.8%
10	2.5%

0 %   10 %   20 %   30 %

CTR

SISTRIX

参考：SISTRIX「Why（almost）everything you knew about Google CTR is no longer valid」

　では、Google検索した704件のうち、検索順位で２位を取ったと仮定した場合、704件×15.7％≒111人が、この自社ホームページサイトの自然流入数と推定できます。

　この111人に、業界のコンバージョン率を乗じることでネットから集客できるコンバージョン数を計算できます。
　ここでいうコンバージョン数とは、Google検索した結果、クリックしてサイトに訪れたユーザーが商品購入や資料請求、お問い合わせなどの自社が考える「成果」と見なされる行動をとった数のことを意味します。

　今回のコンバージョン数は、Google検索して、表示された検索結果の中から、自社のホームページのURLをクリックして、自社のホ

ームページを見てもらって、エアコンクリーニングに関するメール問い合わせを受けた件数とします。

　CV率を仮に３％とすると、３人（計算式：111人×３％≒３人）と計算され、月３人からの問い合わせがあると推定ができます。新規集客をネット集客だけで行い、「エアコンクリーニング　横浜」というキーワードを攻略すると、月３人からの問い合わせがあり、問い合わせ後に商談した結果、仮に成約率が60％とすると1.8人（計算式：３人×60％＝1.8人）を「エアコンクリーニング　横浜」というキーワードから集客できると推定できます。

　このCV率や成約率も、業種や商品などにより異なりますので、一概にCV率３％、成約率60％とはなりませんが、調べていくとその業界のCV率や成約率が大体わかりますので、はじめはその割合を使って推定すれば問題ありません。

　当然、「エアコンクリーニング　横浜」というキーワードだけを制しても、月1.8人の成約だと売上不足なわけで、そのほかにどのキーワードを攻めて検索順位の上位を取りに行くと、どれくらいの問い合わせがあり、成約できるのかを次々と算出していくのです。

　検索結果の上位を目指すためには、どのキーワードを攻略していくかは各社、情報発信などブログを書いたりと努力をしてしのぎを削っているので、検索順位の上位を取るための努力は必要になってきます。

　これらの売上高算出はあくまでも推定ではありますが、ここでお伝えしたいことは、事前に推定であっても調べておくことで、仮に自分がその地域、分野でビジネスを始めるとして、どれほどの期待値があ

るかを事前に知り、計画することができるということです。

新事業で会社を成長させることは必須
コロナ禍を経て「多角化経営」はタブーではなくなった

　2020年1月から始まったコロナ禍によって経営スタイルの志向が変わったと私は考えています。

　これまでは1つの事業に集中して行うべきだと考えられ、多角化経営はタブーとされてきました。しかし、コロナ禍のような想定外の事態になると逆にそれが倒産のリスクとなることが明らかになったからです。

　これからはむしろ起業するならばいずれは「多角化」を想定しておくべき時代です。

　もちろん、ここまでお伝えしてきたように新規ビジネスをスタートさせるときは一点集中で社長のリソースや経営資源を投入しなければいけません。

　多角化目線だからといって最初から複数の新規ビジネスに手を出すのは失敗の危険性を高めるだけなのでNGです。

　しかし、新規ビジネスが軌道に乗ってあなたにとっての既存事業となったら、次々と新規ビジネスを打ち出して多角化することをおすすめします。そして、このことを最初から想定しておくべきです。

●軌道に乗っているときほど新規事業開発をするべき

　新規ビジネスはそれが成功したら終わりではありません。プロダクト・ライフサイクルの考え方でどれだけ新しいものでも衰退するわけですから、中・長期でビジネスを考えるのであれば「次の新規ビジネス」を考えていくことは戦略的起業家としては必須の事項です。

そして、未来を見据えて多角化するときは、新規ビジネスが軌道に乗っている時をそのタイミングとすべきです。なぜなら、そもそも新規ビジネスは失敗しやすい上に、軌道に乗るまで時間がかかる傾向があるからです。

　既存事業が頭打ちになっていたり、衰退が始まっている段階で次の新規ビジネスを始めたとしても、それが軌道に乗る前に会社の体力が持つとは限りません。というか、軌道に乗るかどうかすらわかりません。

　さらに先述のコロナ禍のような想定外の事態もあります。わかりやすい例が飲食店です。外出自粛要請に伴った営業時間の短縮や酒類の提供自粛の要請で、飲食店は大打撃を受けました。これはまったく想定していない事態だったでしょう。

　1日数万円の協力金が支払われましたが、現実の売上を補填するには少なかったといえます。売上だけを補填するだけならまだしも、離れた顧客や解雇せざるを得なかったスタッフがいたり、改めて集客や採用をするためにコストがかかったりと、直接売上以外のコストもかかってしまったはすだからです。

　しかし、コロナ禍によって飲食店が多数潰れたのは周知の事実ですが、もしもそのうちのいくつかの店が、事前に多角化をしていれば倒産せずに済んだのではないかと私は思います。

　これから新規ビジネスを考える人たちは、このようなことを想定して新規ビジネスが軌道に乗っているタイミングで次の新規ビジネスを考えるべきです。

　例えば、カフェを新規ビジネスで始めたとします。

　そのときに「もしもスターバックスのような巨大資本の有名店が近

くに来たらどうするか?」と想像力を働かせることは可能なはずです。

　仮にスターバックスがやってきても大丈夫なようにオリジナルのブランド化をしたり、コーヒー豆やケーキのネット販売やテイクアウト販売を置くことは大前提です。

　それだけでは実際には大打撃を受けるでしょう。ですから、加えてコーヒーの淹れ方教室をしたり、お客をBtoCからBtoBにシフトチェンジする(もしくは幅を広げる)など、店舗以外の市場を早いうちから検討しておきましょう。

●イノベーションが起こりやすいきっかけを知って行こう

　大きな出来事のあとはイノベーションが起こることも理解しておきましょう。

　コロナ禍で新しく台頭してきた代表的なものといえば「リモートワーク」「テイクアウト」「デリバリー」で、これらの分野で新しいサービスが生まれたことは皆様がご存知の通りです。

　大きな出来事は新しいプロダクト・ライフサイクルを生み出すことを想像できると思います。

　視野を広く見れば、経済が動いている以上はどこかが潤っているはずです。つまり、新規ビジネスのうまみが存在しているということです。

新規事業の構築管理
投資は回収することを前提に考える

　新規ビジネスを行うときによく惑わされる言葉に「これは先行投資だから」というものがあります。

　ホームページを製作する際にデザイン性の豪華なものを作るために

高額を投資する。広告を打つときに最初にブーストをかけるために大規模に投資する。忙しくなったときに対応できるように最初から社員を雇って人に投資する。

　投資先はさまざまかもしれませんが、そのかけたコストをいくら回収する目的で行うかを考えずに投資するのは危険です。

　この考え方が経費を増やし、利益を食い潰す原因になるからです。

　投資をするときは、それでどれだけのリターンがあるかを最初から考えておかなければいけません。しかし、投資前からリターンを確定させることなどできません。

　だからこそ、投資の部分でも小さくテストするところから始めることを覚えておいてください。

　最初は10万円くらいでシンプルなホームページを作って、デザイン性よりも消費者が購買意欲を維持したままスムーズに決済できる動線＝中身を充実させせる。

　いきなり100万円の広告を打つのではなく、テストで３ヶ月30万円くらいで始める。それで求める売上を上げられるのであれば拡大していけば充分です。

　自分が忙しいから社員を雇うのではなく、そろそろ手が足りなくなってきたと思ったら週１〜２回のパートやアルバイトを雇うところから始めたり、または１件ベースで依頼できる外注業者を探す。そこから徐々に仕事の量に合わせて社員化するなり、社員を雇うなりしていけばいいのです。

●内部オペレーションも回収を考えて準備する

　投資をするときにはリターン以外にも考えておくことがあります。それは「内部オペレーションが対応できる体制かどうか」です。

集客や広告の目的は、売上を上げることです。

しかし、このときに内部オペレーションの準備が整っていないと、瞬間の売上は取れてもビジネスとしては失敗することになります。

例えば、ホームページを作成して集客ができ、注文が入って売上は立ったものの製作が追いつかないケースです。

本来は1ヶ月後に納品できるものが3ヶ月経ってようやく納品することになったり、6ヶ月経っても納品されずにクレームになってしまったり、悪評が口コミとして書かれてしまい、逆ブランディングになるようなケースもあります。

新規ビジネスはすべてにおいて「データ」を取ること

投資効果を継続するためにも、新規ビジネスにおいては逐一データを取っておくことを最初の段階から頭の中に入れておいてください。

例えば、10万円かけて土日で1万枚のチラシを撒いたとします。

結果、土日の売上が3倍になったとします。これは成功と言えるでしょうか？

チラシの効果によって集客できて売上が上がったわけですから一見すると成功に見えます。しかし、本当にチラシの効果だったことは証明できません。チラシの効果をデータで確認できていないからです。

効果測定ができるように「チラシを持ってきたら割引や追加などのサービスをします」としておく必要があります。

そうすることで1万枚撒いて何人がチラシに反応してくれたかの「反応率」がわかり貴重なデータとなります。

この「データを取る」の考え方は何も投資だけにとどまりません。

そもそも新規ビジネスは失敗を前提としています。うまくいかない

中で改善点をたくさん見つけていくのが出発点です。

　そのときに改善点をより早く見つけるためにはどうすればいいでしょうか？

　それは数値化できることは必ず数値としてデータから判断することです。

　少しでもうまくいかないことがあったり困ることがあったら、どこの数字を改善するべきかと考えるべきなのです。

　ただし、中には数値化しにくい業務もあります。例えば事務や営業活動です。しかし、これらもできる限り数値化する必要があります。

　事務の場合であれば、電話対応の回数もしくは総時間、メールの回数、問い合わせの回数、わからないからと上司に相談しにいった回数など。

　営業の場合は商談の回数、商談を申し込んだメールや電話の回数など、なるべく数値化できそうなことは数値化しておきましょう。

　この意識を最初から持っていることで、失敗しやすい新規ビジネスの改善点を早く見つけられます。失敗前提の新規ビジネスだから、データ戦略から行い、とにかく数値化しておかないと何もできないのです。

　数値化をして、それを改善するためにPDCAを回して軌道に乗せる。これが新規ビジネスをうまくいかせるコツなのです。

新事業の市場調査
外部情報がないとビジネスモデルが構築できない

　新規ビジネスの失敗原因のひとつに「外部情報不足」が挙げられます。

要するに市場調査をしていないわけです。市場調査による外部情報がなければビジネスモデルは組み立てられません。結果、アイデアだけで勝負して失敗するルートに入ってしまうのです。

　しかし、いきなり市場調査と言われても難しいと思いますので、ヒントを載せておきたいと思います。
　市場調査は進出する市場（地域）の市場規模を調査することです。
　日本の経営コンサルタントの第一人者であり、社長専門の経営コンサルタントとして5,000以上の企業をコンサルティングした一倉定先生曰く「10％のシェアが取れるかが１つの基準」です。
　新規ビジネスでは市場は絞った上で10％のシェアが取れなければ地域ナンバー１にはなれません。収益性確保、事業継続が困難だからです。さらに10％を取れてもその額が小さすぎて経営の足しにならなければやらないほうがいいです。
　もちろん、正確な数字の把握は難しいと思いますが、その際はフェルミ推定などを使って市場規模を計算しておくことが必要です。

　他にも、一般的な方法としては「帝国データバンク」を活用する方法もあります。お金がかかりますが欲しい情報を与えてくれます。
　ただし、帝国データバンクを使う場合は会社名の特定が必要ですので、競合を調べるためには該当企業のホームページを見てください。
　そこでトップ３社くらいまでを帝国データバンクから情報を引き出すのです。そうすることで売上の規模がわかります。

●癖の強い業界は直接話を聞きに行く
　業態の中には"癖の強い"業界が存在します。これは悪い意味ではなく、特有の習慣やタブー、決済条件が違うなど、一般に当てはめると癖があるような業態です。例えば流通業や建設業などがこれに当たり

ます。

「癖」と呼べるのは次のようなものです。

　　・業界の習慣
　　・タブーがある
　　・メーカーよりも卸しのほうが強い
　　・決済条件が特有（３ヶ月サイト、納品ご入金など）
　　・現金での取引が当たり前
　　・販売委託買取り返品率、利益率
　　・流通業者の売上高、業績、価格、財務内容

　これらの情報はネットで調べることもできますが、一番手っ取り早いのはその業界の業界紙を読むか、商工会などに参加して参入しようとしている業界の人に直接話を聞いてみることです。

●ホームページからもかなりの情報を引き出せる
　私は競合分析の一番の方法はホームページ調査だと思っています。

　　・会社の強み
　　・商品の価格
　　・広告出稿の有無や規模

　など、どのようなビジネスモデルかが見えて、価格戦略や集客戦略などの参考になります。自分の強みが強みでないことに気づくこともあります。
　新規ビジネスをスタートさせる際にはつい自分の過去の経験だけで考えてしまいがちですが、何よりもまずしてもらいたいのがホームページ調査です。これをしている人は意外といません。

もちろん、ホームページから完全な情報は得られません。しかし、できる限りの情報を集めることが大事です。そして自分のビジネスに活かしていってください。

第 2 章

ビジネスモデル・キャンバスを 作ってみよう【準備編】

ビジネスモデル・キャンバスとは何か？

　本書の冒頭でビジネスモデル・キャンバスには取り組む前にしてお く「準備」が存在する、とお伝えしました。

　本章では【準備編】としてその辺りの解説をしていきます。

　そもそも、ビジネスモデル・キャンバスとは何でしょうか？

　ビジネスモデル・キャンバスは「ビジネスモデルを作るためのツー ル」であり、あなたが「これから始めようとするビジネスを客観的に 可視化するためのツール」です。

　ビジネスモデル・キャンバスには9つの構成要素があります。

　詳しくは後述しますが、これらの構成要素を抜け漏れなく明確に し、かつビジネスのフロー（流れ）を上流から下流にかけて矛盾なく 1本のルートとして成立させなければ、どんなビジネスも成功させる ことはできません。

　例えば、20代女性向けの商品を40代男性しか足を運ばないような 場所に展示しても売れるはずがありません。この例で言えば「商品・ サービス」と「販路」に矛盾があります。

　このようなことを避けるために、また、あなたの頭の中に"だけ"存

在しているビジネスモデルを可視化して誰にでもわかりやすく説明できるようにするためには、客観的視点で構成要素を1つずつ明らかにしていく必要があります。

　そして、明らかにした構成要素に矛盾がないかをすり合わせながら、矛盾点や非現実的なポイントがあれば逐一修正して「1枚の絵」にしていく必要があります。

　そのためのツールがビジネスモデル・キャンバスです。

ビジネスモデル・キャンバスの9つの構成要素

　では具体的に、ビジネスモデル・キャンバスの9つの構成要素をご紹介しましょう。これはビジネスモデルそのものを構築するためには不可欠な要素でもあります。

要素① CS（Customer Segments＝顧客セグメント）

　自分たちの商品・サービスを「売りたい対象者＝購買ターゲット」購買ターゲットが持っている不満、必要としているニーズ、叶えたい希望なども可視化。

要素② VP（Value Propositions＝価値提案）

　ターゲットにしている人たちの悩みを解決するために、自分たちが提供する商品・サービスの価値

要素③ CH（Channel＝チャネル）

　ターゲットに商品・サービスを届ける販路

要素④ CR（Customer Relationships＝顧客との関係）

「ターゲットとどういう風に関係性を維持して発展させていくか」「そ

のためにどういう活動を行うか」「どうリピートをしてもらうために
ターゲットとつながるか」などの関係構築方法

要素⑤　RS（Revenue Streams＝収入の流れ）

「ターゲットからどういうルートでお金をもらうのか」「毎月なのか、
単発なのか、手数料なのか、サブスクリプションなのか」といった収
益の流れ

要素⑥　KR（Key Resources＝主たるリソース）

　自分たちの持つヒト、モノ、カネ、情報、知財などの「資源・資
産」。

要素⑦　KA（Key Activities＝主たる活動）

　商品・サービスを提供するために具体的に実践する活動
　営業活動やメディア戦略、採用活動もこれに含まれる。

要素⑧　KP（Key Partners＝キー・パートナー）

　自分たちを助けてくれる協力者
　自分たちでは賄えない業務の代行を外注でお願いする「営業代行」
「販売代行」など
　人以外にも企業やプラットフォーマーなども含まれる。

要素⑨　CS（Cost Structure＝コスト構造）

　固定費、人件費、光熱費、営業経費などの必要な費用やコスト

　これら、ビジネスに必要な9つの要素を、ビジネスモデル・キャン
バスでは次のような形でマップに表します。
　このマップは中心に配置されたVP（価値提案）を中心に左右にカ

テゴリーが二分されています。向かって右側は「顧客に関わる部分」、左側は「自分たちに関わる部分」です。

単に9つの要素を可視化するだけでなく、個々のカテゴリーについても分類します。

図解2章-1

⑧KP キー・パートナー	⑦KA 主たる活動	②VP 価値提案	④CR 顧客との関係	①CS 顧客セグメント
	⑥KR 主たるリソース		③CH チャネル	
⑨CS コスト構造			⑤RS 収入の流れ	
自分たちに関わる部分			顧客に関わる部分	

最初にビジネスモデル・キャンバスを作ろうとしてはいけない

ここまでビジネスモデル・キャンバスについて説明をしましたが、ただ、ここまで読んだからと言っていきなりビジネスモデル・キャンバスを作ろうとしてはいけません。

「どうして？　そのための本なんじゃないの？」

そんな声が聞こえてきそうですが、ちょっと待ってください。

多くの書籍では、ビジネスモデル・キャンバスを「いきなり作ってしまおう」というスタンスで語られているものです。

ですが、実際にやってみるとわかりますが、この時点で作成をスタートしてもうまくアイデアを出していくことができません。1人でやって煮詰まってしまうか、集団でやっても空中分解してしまいます。

そうではなく、まずあなたの中での「こんなビジネスをしたい」というアイデアを見つけなければいけません。

　ビジネスモデル・キャンバスを描くからアイデアが浮かぶのではなく、アイデアがあるからビジネスモデル・キャンバスを描けるのです。

　9つの構成要素の中で言えば【要素①：CS（顧客セグメント）】と【要素②：VP（価値提案）】の2つが重要です。

　あなたのビジネスアイデアに対してこの2つを最初の時点である程度明確にしてからビジネスモデル・キャンバスを作っていきましょう。

　この辺りが明確になっていることで、あなたの中で「このビジネスアイデアなら成功できるんじゃないか」という予感のようなものが生まれているはずです。

　さらに、自分の顧客リストやなんとなくの集客方法などもイメージできているかもしれません。

　そのような段階に入ったときに「それを客観的に可視化してみましょう」というのがビジネスモデル・キャンバスなのです。

ちょっとしたひらめきからビジネスアイデアに目星をつける

　では、具体的にどうやってビジネスアイデアを見つけていくか、という話になりますが、これにはいくつかの方法があります。

　それらについては後述しますが、そもそもビジネスアイデアを考えるときのコツは「あまり考えこまないようにすること」です。

　ビジネスアイデアというと、何か画期的な、これまでにないようなものを考えつかないといけないように感じてしまうかもしれません。ですが、その思い込みがビジネスアイデアを発現させる障害となってしまっています。

そうではなく、むしろビジネスアイデアを見つける意識で普段の生活をすべきです。すると、ちょっとしたひらめきが起こることがあります。

　これを私は「ビジネスアイデアの種」と呼んでいます。そして、それを逐一メモして貯めていくことで、あなたの中でビジネスアイデアに目星がついていくようになります。

　普段、あなたが生活している中で、さまざまな商品・サービスを購入すると思いますが、不満に感じることや不便を受けることはないでしょうか？
「もっとこうすればお客さんは喜んでくれるのに」とヤキモキしてしまうことはないでしょうか？　あるいは「自分だったらこうするな」という改善ポイントが見えてくることはないでしょうか？

　これらはすべてビジネスアイデアの種です。
　そして、その不満や不便を感じるところ、改善ポイントを解決するだけでも、充分にビジネスアイデアとしては成立します。

　さらに、ビジネスアイデアの種は、あなたがアンテナを立てて生活をしていることで、あるとき不意にひらめきます。大事なのはそのひらめきをスルーしてしまわずに、きちんとメモを取っておくことです。
　メモはノートにでも手帳にでも模造紙に付箋を貼るのでも構いません。とにかく思いついたことはすべて残しておくことが大事です。
　その瞬間は「思いついたけど大したことないな」と思えたとしても、何か別のアイデアと掛け合わさったり、別のタイミングが訪れることによって、ビジネスアイデアとして芽を出すこともあるからです。

ビジネスアイデアを発見するための6つのフォーカス

　現実に、ビジネスアイデアを思いつくシチュエーションは多々あります。ここでは6つのフォーカス（焦点）で解説していきます。

　順番に意味はありませんので、ピンときたものを試してみてください。

フォーカス①　新聞を読む習慣で先読みのアイデアを出す

　新聞を読むことで未来を先読みしたビジネスアイデアがひらめきやすくなります。

　もちろん、読み始めていきなりひらめくことはないでしょう。それこそ最初は見出しを読むだけに終わってしまったり、記事を読んでもチンプンカンプンかもしれません。それでも構いません。まずは読む習慣をつけましょう。すると、あなたの中で情報レベルが徐々に上がり「この話題、よく見かけるな」ということが見えてきます。

　これが習慣になると、今度は新聞に書いてある情報を踏まえた上で、そこから一歩先んじた、未来のアイデアが出てくるようになります。ビジネスアイデアを思いつきやすい思考回路になり、あなたのビジネスセンスが磨かれていきます。

フォーカス②　成長している商品・サービスの不満を解決する

　新聞を読んでいるもう1つの効果として、情報の精度が上がり、急成長しているビジネスや商品・サービスが見えてくるようになります。

　もしもそうなってきたら、ぜひその商品・サービスを体験してみてください。そこには必ず何かしらの不満点や改善ポイントが存在します。例えば「ものすごくいい商品なのに到着の時間がかかる」などです。

　そういったことが見えてきたらチャンスです。同じビジネスをトレ

ースして、到着時間を短縮できれば新しいビジネスとして成立します。

　これは実際にそれをやるということではなく、ビジネスアイデアをひらめくための視点を持つために行うことです。そうやって、今すでに成長しているビジネスや商品・サービスを改善していくことを考えれば、あなたが失敗する確率も減らすことができます。

フォーカス③　逆転の発想で新しい価値を創造する

　さまざまな商品・サービスを体験する際に、すでに用意されているサービスを逆転の発想で考えてみることで、新しいビジネスチャンスを見出すこともできます。

「1つ500円で売っている＝安くして売っている」ものを「1万円で売ってみる＝高くして売ってみる」というのも1つです。実際にやるかどうかではなく「そうしたらどうなるか？」という観点で考えてみるのです。

　商品に付随して丁寧なサービスを提供しているのであれば、逆に商品提供だけでサービスはほとんどしないのも1つの方法です。

　これで成功しているサービスに10分1,000円のヘアカットがあります。一般の美容室では必ずあるシャンプーや会話などを極力なしにして、短時間で整髪することにフォーカスした逆転の発想です。スピード重視、効率重視、価格重視の客から支持されています。

フォーカス④　その場所にないものを他から持ってくる

　一番シンプルなアイディアは「自分の住んでいる場所」にはないものを「他の場所」から持ってくることです。

　その代表的なものがコンビニエンスストアの「セブン-イレブン」です。1973年に、当時イトーヨーカ堂の取締役だった鈴木敏文氏は「時期尚早である」という周囲の反対を押し切ってアメリカから日本にセブン-イレブンを持ってきました（専務取締役に就任後、第1号

店を東京都江東区に出店)。今では鈴木氏は「コンビニの父」と呼ばれています。

アイデアは何も新商品を作ることに限りません。海外で流行っているものを日本に持ってくる、東京で流行っているものを地元へ持ってくる、というものでも十分にビジネスアイデアになります。

フォーカス⑤　政府が推し進めているビジネスは成功率が高い

ビジネスアイデアは何も民間の市場だけにとどまりません。政府が推し進めている、これから力を入れようとしている市場もまた存在し、この流れをつかんでおけば、それだけ成功確率は上がります。

例えば「起業」や「デジタル化」や「介護・福祉系」や「投資系」など、現在の政府が推進している事業、補助金や助成金を手厚く用意しているものが理解できれば、そこに参入していけば後々市場規模が大きくなり、成功できる確率が上がります。

フォーカス⑥　そのビジネスの周辺のビジネスに着目する

今流行っているビジネスや、これから流れが来そうなビジネスを見つけたときに、もう1つの視点として、その周辺で発生しそうなビジネスを考えてみるのも着眼点のポイントです。

わかりやすいのが1848年にアメリカ・カリフォルニア州で始まったゴールドラッシュです。当時、砂金を手に入れて一攫千金を目指した人たちがカリフォルニア州サクラメントに集まり、人口たった2万人の街に10年ほどで40万人近い人が集まりました。

ではそのとき、一番儲かったのは誰か？　実は、砂金を手に入れるために集まった労働者ではなく、そこでデニムを売ったリーバイ・ストラウス（リーバイスの創業者）だったのです。

リーバイが作ったワークパンツ「リーバイス501」は破れにくくカッコ良かったためにバカ売れし、今ではリーバイスのジーンズはファ

ッションアイテムになっています。

　このように、流行っているビジネスには「そこに集まる人たちの周辺ニーズ」が存在します。そのような周辺を見ることでアイデアは生まれるのです。

ビジネスアイデアで失敗する3つの落とし穴

　ここまで6つのフォーカスでビジネスアイデアを発見する方法をお伝えしてきましたが、逆にビジネスアイデアを発想するとき、またはビジネスモデルを構築するときにしてしまいがちな落とし穴も同時に存在します。

　ここでは3つのポイントでお伝えしましょう。

落とし穴①　商品・サービスを作ってから始めようとする

　最もよくある失敗パターンは、先に商品・サービスを作ってしまってから差別化ポイントを考えることです。

　多くの人は「売るものが決まっていないとビジネスモデルは作れない」と考えてしまいます。だから最初に時間とお金をかけて完璧な商品・サービスを作ろうとします。

　ですが、このパターンだともしも売れなかった場合、市場が存在しなかった場合に引き返せなくなってしまいます。さらに、修正しようと思っても愛着があったり、思い入れがあったりしてなかなか変えられなかったりします。もしもそうなった場合、それまでに投資した時間やお金はすべてムダになってしまいますし、それがもしも店舗だったりした場合は、数百万〜数千万円の損失になってしまいます。

　商品・サービスを作るときの順番は、最初に「アイデア」があり、次の「顧客の悩み」があって、最後に「それを解決するモノ」です。この順番で作らないと失敗します。

さらに究極を言えば、商品・サービスは現物が存在していなくても販売してみることが可能です。予約販売制にして一定の受注があってから製造を行うなどのテクニックは必要ですが、少なくとも先に売ってしまうことで「売れるかどうか（ニーズがあるかどうか）」を判断することはできます。あるいは、販売してみて発生した不満などがあれば、そこから実際の商品・サービスの改善点も見えてきます。

落とし穴② 　経験のあるビジネスから始めようとする

　これもよくあるパターンですが、「経験の範疇内で新規ビジネスを考える」ことです。もちろん、前職の経験を使ったビジネスを始めることそのものが悪いわけではありません。

　このパターンの場合、「同じようなことを既に考えて、先にやっている人がいる」という問題が発生しがちです。すでにやっている人がいるのでまったくニーズがないとは言いませんが、結局は同じエリアで顧客の喰い合いをすることになったり、仮にうまくいったとしても自分ひとりが食べていけるレベルで終わってしまいます。

落とし穴③ 　市場を分析せずにビジネスを始めようとする

　市場分析とは「業界の動向や顧客のニーズ、市場の成長率などを分析し調査すること」です。ビジネスを始める際には当たり前にやらなければいけないことですが、これをせずに始める人は少なくないです。

　例えば、ファミリー向けの飲食店を始めようとしているのに店を出すエリアがサラリーマンばかりのエリアだったり、若者ばかりが集まるようなところに昔ながらの床屋を出そうとしたり、若年夫婦が多いエリアで洋菓子店だらけのところに和菓子屋を出そうとしたり……これらは自分がビジネスを始めようとする商圏の調査をしていないから起こりますが、それを怠ってビジネスを始めると、結局顧客がいないところでビジネスを始めることになり、うまくいきません。

これら3つの落とし穴は、ビジネスアイデアを思いついたり、ビジネスを始めようとする人の多くがよく陥るものです。

　今のうちから理解しておき、同じ轍を踏まないようにしましょう。

出したビジネスアイデアをアイデアで終わらせてはいけない

　さて、ここまでで【要素①：CS（顧客セグメント）】と【要素②：VP（価値提案)】の2つが明確になったと思います。

「自分はこのようなビジネスによって、このような顧客の悩みを解決する（顧客を満足させる)」ということが明確になった段階です。

　ただ、気をつけてもらいたいのは、ここまではまだ「ビジネスアイデア」でしかないということです。これを「ビジネスモデル」にまで昇華させていくためには、さらに踏み込んで詳細に詰めていかなくてはいけません。

　ビジネスモデルは「部分」ではなく「全体」です。

　価値提供だけではなく、どうやって価値提供を行い、どうやって対価（お金）をもらって、そのためにどんなことをしていくのか、全体の一連の流れを体系化していかなければいけません。

　それが本章の最初に説明した9つの構成要素です。改めてシンプルな一覧でおさらいしておきましょう。

【要素①CS（顧客セグメント）＝そのビジネスの顧客は誰か？】

【要素②VP（価値提案）＝どんな商品・サービスを提供するか？】

【要素③CH（チャネル）＝どういう販路で提供するか？】

【要素④CR（顧客との関係）＝どう顧客をつなぎとめるか？】

【要素⑤RS（収入の流れ）＝どうお金を受けとるか？】

【要素⑥KR（主たるリソース）＝自分たちの資源は何か？】

【要素⑦KA（主たる活動）＝どんな経営活動をしていくか？】

【要素⑧KP（キー・パートナー）＝助けてくれる存在は誰か？】

【要素⑨CS（コスト構造）＝絶対にかかるコストは何か？】

　ビジネスはアイデアだけでは絵に描いた餅です。ビジネスモデルまで作らないと「商売」にはなりません。

　ビジネスモデルでビジネスの上流から下流までを作ることによって、ようやくあなたはビジネスのスタートラインに立つことができます。

　また、上流から下流までの流れは、１つでも構成要素が欠けると"歯抜けの滑り台"のように流れるものを落っことしてしまいます。

　世の中にはアイデアだけで終わる人が山のようにいます。

　ですから、ここまでの流れでビジネスアイデアを思い付いたとしても満足しないでください。ビジネスモデルにまで昇華させ、スタートさせる人のほうが少ない世界なので、むしろ「ここからがスタートだ」くらいの気持ちでこの先に進んでもらいたいと思います。

　そうすれば、あなたも成功者の仲間入りをすることができます。

ビジネスモデル・キャンバスは万能ツールである

　次章から、具体的なビジネスモデル・キャンバスを作成するための手順に入っていきますが、本章の最後に、ビジネスモデル・キャンバスの特徴をお伝えしておきます。

●ビジネスのシナリオブック（脚本）になる

　ビジネスモデル・キャンバスの内容は、９つの構成要素が１つのス

トーリーのように美しく流れるように描きます。

「こういう顧客ターゲットに向けて、彼らにはこういう悩みがあるから、それを解決する商品・サービス（価値提供）を私は行う。そのためにどう顧客を集めるか（販路）、毎月どういう関係性を持つ、そこには誰が協力してくれる」といったストーリー性のあるビジネスモデルにつなげていきます。

そうすることでビジネスモデル・キャンバスは１冊のシナリオブックのようになります。言い換えるなら「ビジネスの脚本」です。

ビジネスモデル・キャンバスは一度作って終わりではありません。作りながら行ったり来たりを繰り返して、ブラッシュアップをしながら作ります。

そうすることで自然と良いシナリオになり、あなたはビジネスの名脚本家になることができます。

●経営者目線でビジネス全体を見渡すことができる

ビジネスモデル・キャンバスを作ることで、何かとフォーカスしがちになる人間の視点を強制的に引き上げて、経営者の視点からビジネスを見渡すことができるようになります。

「ビジネスモデル・キャンバスを作ると全体像が可視化される」ということをお伝えしましたが、作っていると必ず問題点が出てきます。抜けや漏れが必ず発生するのです。

売上を上げる仕組みができても、実際にそれを捌ける人がいなかったり、外注パートナーを増やして「できること」が増えてもその分利益を圧迫してしまったり、素晴らしい価値提供を思いついてもそのためのリソースがなかったり、販路が的外れで正しい顧客に正しく伝わらなかったり、ということが出てきます。

そういったことを逐一解決しながら、ビジネスモデル・キャンバスを作っていくのです。

●第三者へのプレゼンテーション資料にもなる

ビジネスモデル・キャンバスを作っておくと第三者に対してのプレゼンテーションの資料にもなります。

私は仕事柄、金融機関に融資をお願いすること、補助金を獲得することがよくあります。

そんなプレゼンの場では事業計画書を作成して審査官のところへ行くのですが、そんなときにビジネスモデル・キャンバスがあれば、審査官が一発でどんなビジネスかを理解してくれます。

あるいは、新規ビジネスで資金調達をするようなときでも、ビジネスモデル・キャンバスを投資家に見せてわかりやすく伝えられれば、他の手段を用いるよりもずっと簡単に支援を受けられます。

このようにビジネスモデル・キャンバスは、単にビジネスモデルを構築するためだけでなく、対内外に向けても役に立つ万能ツールです。

ただそのために必要なのが、この時点である程度ビジネスアイデアに目星をつけておくことです。それができたら、次のページをめくりましょう！

第3章

ビジネスモデル・キャンバスを作る【たたき台編】

ビジネスモデル・キャンバスを作るときの注意点

　本章からは、実際にビジネスモデル・キャンバスを使って、ビジネスモデルを作る方法をお伝えしていきます。

　とはいえ、そもそもビジネスモデル・キャンバスは一度で完成させるものではありません。作っていく中で行ったり来たりを繰り返して、徐々に精度を高めていきます。

　ですからまずは「たたき台」で構いませんので、自分の中にある9つの構成要素をアウトプットしていくつもりで始めましょう。

　ただ、実際に作成に入るためには条件があります。前章でお伝えした通り、大事なのはビジネスアイデアをきちんと持っておくことです。これなしにビジネスモデル・キャンバスを作ろうとすると行き詰まったり空中分解して失敗します。

　ここから先に進むためには、ざっくりとで構いませんので自分が行うビジネスの目星はつけておいてください。例えば「ファミリー層向けの美容室」といったもので構いません。

　その上で、注意点としては9つの構成要素を「思いつかないところがあってもいいから全部出す」ということです。目星をつけたビジネスアイデアをイメージしながら、まずは出し切りましょう。

おそらく９つの構成要素の中で埋まらない項目（思いつかない項目）も出てくると思いますが、そんなときはとりあえず飛ばして先に進んでください。

すべての構成要素を考えたら、そこから再度、埋まらなかった項目（飛ばしてしまった項目）に戻ります。最初のときには出なかった項目でも、一度出し切った状態で考えることでアイデアが思いつくこともあります。

最初に「顧客セグメント」（顧客ターゲット）を選定する

前章でビジネスモデル・キャンバスの９つの構成要素をご紹介しましたが、要素①～⑨は順番になっていて、数字の順番に則してそれぞれを設定していきます。

ですから、まず行うのは「①顧客セグメント」の選定です。

図解３章-１

⑧KP キー・パートナー	⑦KA 主たる活動	②VP 価値提案	④CR 顧客との関係	①CS 顧客セグメント
	⑥KR 主たるリソース		③CH チャネル	
⑨CS コスト構造			⑤RS 収入の流れ	

顧客セグメントを選定するときは、事前にExcelでもノートでも構いませんので、別途、書き込めるシートを用意してください。

そして、次のように線を引いてカテゴリーを分類していきます。

次の図のシートはあくまでも本書のページに合うようにレイアウトされていますので、実際のExcelやノートでは書き込む内容に合わせて幅を調整してもらって構いません。

図解3章-2

優先	悩み・課題・ニーズ	価値提案	顧客セグメント【優先順位】		

手順1 　思いつく限りの顧客を列挙していく

　シートを用意したらあなたが始めようと思っているビジネスの顧客をシートの「顧客セグメント欄」に記入していきます。最低でも3人、できれば10人くらい書き出してください。

　あなたの商品・サービスを利用してくれる可能性のある見込み客を、議論せずにまずはブレインストーミング（ブレスト）で漏れなく書いていきます。

　例えば、「男性」と「女性」の2つにセグメント化できます。

　さらに、男性の場合でも「サラリーマン」「自営業者」「学生」などにセグメント化できますし、女性でも「OL」「自営業者」「主婦（子供連れ）」「主婦（子供が育っている）」などに分けられます。

　性別以外にも「20代」「30代」「40代」などに分けたり、もっとざっくりと「大人」「子供」で分けることもできるでしょう。

　ただし、表現やニュアンスが違うだけで実はニーズが同じであろう

顧客、同一のセグメントになりそうであろう顧客はまとめたいので、どちらか1つを残すイメージで書き出してください。

図解3章-3

理容室			顧客セグメント【優先】			
優先	悩み・課題・ニーズ	価値提案	多忙なサラリーマン（30才）	定年後（高齢者）	子供連れ（小学生）	高校生

手順2 **顧客の悩み・課題・ニーズを列挙していく**

　それぞれの顧客が抱えているであろう問題や課題、不満やニーズを「悩み・課題・ニーズ欄」に記入していきます。

　ここではセグメント化した顧客に合わせて整理して書く必要はありません（それは後ほど行います）。欄内に、上から順に列挙するだけでOKです。あなたのビジネスに対して、顧客が抱えているであろう悩みやニーズを思いつく限りすべて書き出しましょう。

　例えば、理容室で考えると「理容室に行くこと自体が面倒（悩み）」「担当者と相性が悪かった時に困る（課題）」「流行りの髪形にしたい（ニーズ）」などが出てきます。

図解 3 章- 4

理容室			顧客セグメント【優先】			
優先	悩み・課題・ニーズ	価値提案	多忙な サラリーマン（30才）	定年後（高齢者）	子供連れ（小学生）	高校生
	理容室に行くのが面倒 髪のカットだけで行く時間がない スーツの似合う髪型にしたい 担当者と相性が悪い 上手に短髪にしてほしい 抜け毛の悩み ゆったりとくつろぎながらカット 顔そりが1番楽しみ					

顧客セグメントをもとに価値提案を設定する

　顧客セグメントがある程度できてきたら、併せて②価値提案を設定していきます。

　顧客セグメントと価値提案はニコイチのセットです。なぜなら、顧客の困り事を解決する方法が、そのビジネスで提案していく価値になるからです。

　隣の「価値提案欄」に「悩み・課題・ニーズ欄」で出てきたものの解決方法としての価値を記入して行きます。

　1つの悩み・課題・ニーズに対して複数の価値提案を書いても構いません。なぜなら解決するための手段は1つとは限らないからです。

　例えば、先述の理容室の「流行りの髪形にしたい（ニーズ）」に対しては複数の解決策が出てきます。

・顧客の顔のタイプ（濃い顔、あっさり顔）（丸顔、面長）に合わせて似合う髪形を提案する
・顧客の年代に合わせて似合う髪形を提案する
・ビジネスマンならスーツに似合う髪形を提案する

　この段階では解決案を出せるだけ出しましょう。もしも書き過ぎていたら、あとから削ればいいのです。

図解 3 章 - 5

理容室

優先	悩み・課題・ニーズ	価値提案
	理容室に行くのが面倒	出張理容室・待ちのついで（携帯の契約待ち・飛行機待ち）
	髪のカットだけで行く時間がない	髪カット以外も（脱毛、マッサージ、買い物、ダイエット、ネイル）
	スーツの似合う髪型にしたい	ビジネスイメージを向上させる最新のトレンドを提案
	担当者と相性が悪い	毎回カウンセリングによりコミュニケーションの改善と担当変更制
	上手に短髪にしてほしい	短髪のカット技術とスタイリングに特化した理容室
	抜け毛に悩み	髪の定期健康診断無料
	ゆったりとくつろぎながらカット	個室専用理容室
	顔そりが1番楽しみ	ハイクオリティなシェービング用具を使用
	ヒマつぶし	豊富な雑誌を用意
	リフレッシュしたい	最高のヘッドスパを提供
	とにかく安く	競合店より安い
	VIP感	VIPルーム、VIPメニュー
	子供と一緒に	親子カット
	仕事しながら	Wi-Fi提供

手順2　悩み・課題・ニーズの価値提案を結びつける

　「悩み・課題・ニーズ欄」と「価値提案欄」を埋めることができたら、それぞれがどの顧客ターゲットと一致するかを考えていきます。

　「顧客セグメント欄」に書いた顧客ターゲットの下に、合致する場合だけ○印をつけていきます。どの悩み・課題・ニーズにも該当しそうなものがあった場合は「特に当てはまりそうなもの」で○印をつけます。

図解 3 章- 6

理容室

優先	悩み・課題・ニーズ	価値提案	顧客セグメント【優先】			
			多忙なサラリーマン（30才）	定年後（高齢者）	子供連れ（小学生）	高校生
	理容室に行くのが面倒	出張理容室、待ちのついで（携帯の契約待ち・飛行機待ち）	○			
	髪のカットだけで行く時間がない	髪カット以外も（脱毛、マッサージ、買い物、ダイエット、ネイル）	○			
	スーツの似合う髪型にしたい	ビジネスイメージを向上させる最新のトレンドを提案	○			
	担当者と相性が悪い	毎回カウンセリングによりコミュニケーションの改善と担当変更制	○			
	上手に短髪にしてほしい	短髪のカット技術とスタイリングに特化した理容室	○			
	抜け毛に悩み	髪の定期健康診断無料	○	○		
	ゆったりとくつろぎながらカット	個室専用理容室	○	○		
	顔そりが1番楽しみ	ハイクオリティなシェービング用具を使用	○	○		
	ヒマつぶし	豊富な雑誌を用意		○		
	リフレッシュしたい	最高のヘッドスパを提供	○	○	○	
	とにかく安く	競合店より安い				○
	VIP感	VIPルーム、VIPメニュー	○	○		
	子供と一緒に	親子カット			○	
	仕事しながら	Wi-Fi提供	○			

手順3 **セグメント顧客に優先順位をつける**

　ここで一度、シート全体を見渡してみましょう。悩み・課題・ニーズや価値提案に抜け漏れがないか、○印をつけた顧客に間違いがないかを見直してみてください。

　見直せて問題がなければ、自分のざっくりとした提供価値に対して、しっくりきそうなセグメント顧客に、1位から3位までの優先順位をつけていきましょう。自分が特にターゲットにしたい顧客や、高い単価を取れそうな提供価値、継続的なニーズを望めそうなところなのが優先順位の基準です。

図解3章-7

理容室			顧客セグメント【優先】			
			1	2		3
優先	悩み・課題・ニーズ	価値提案	多忙なサラリーマン（30才）	定年後（高齢者）	子供連れ（小学生）	高校生
	理容室に行くのが面倒	出張理容室・待ちのついで（携帯の契約待ち・飛行機待ち）	○			
	髪のカットだけで行く時間がない	髪カット以外も（脱毛、マッサージ、買い物、ダイエット、ネイル）	○			
	スーツの似合う髪型にしたい	ビジネスイメージを向上させる最新のトレンドを提案	○			
	担当者と相性が悪い	毎回カウンセリングによりコミュニケーションの改善と担当変更制	○			
	上手に短髪にしてほしい	短髪のカット技術とスタイリングに特化した理容室	○			

抜け毛に悩み	髪の定期健康診断無料	○	○		
ゆったりとくつろぎながらカット	個室専用理容室	○	○		
顔そりが1番楽しみ	ハイクオリティなシェービング用具を使用	○	○		
ヒマつぶし	豊富な雑誌を用意		○		
リフレッシュしたい	最高のヘッドスパを提供	○	○	○	
とにかく安く	競合店より安い				○
VIP感	VIPルーム、VIPメニュー	○	○		
子供と一緒に	親子カット			○	
仕事しながら	Wi-Fi提供	○			

手順4　顧客セグメントをビジネスモデル・キャンバスに転記する

　ここまでできたらようやくビジネスモデル・キャンバスに戻ります。

　ビジネスモデル・キャンバスの【①CS：顧客セグメント】の部分に優先順位1位のセグメント顧客を転記します。その際に、その顧客が抱えている悩み・課題・ニーズも一緒に記入します。

図解3章-8

④顧客との関係	①顧客セグメント
	多忙なサラリーマン（30才） ・理容室に行くのが面倒 ・髪のカットだけで行く時間ない ・スーツの似合う ・上手に短髪
③販路（チャネル）	
⑤収益の流れ	

価値提案をビジネスモデル・キャンバスに書き写す

　続いて、ビジネスモデル・キャンバスの【①CS：顧客セグメント】に対してどの価値提案がしっくりくるか、事業として成り立ちそうか、自分にできそうかを考えながら【②VP：価値提案】の部分に提供する価値を記入します。最初に列挙したシートの価値提案欄を見ながら、絞り込みをするイメージです。

　このときに気をつけてもらいたいのは、すべての価値提案をできるとは限らないことです。ですから、事前のシートの左側「優先欄」に優先順位を記入しておきましょう。

　すべてのニーズに応えようとすると、逆に特筆するものがなくなって失敗する可能性もあります。特徴がなくなり、差別化ができなくなってしまうのです。

図解3章-9

⑧協力者	⑦主な活動	②価値提案		④顧客との関係	①顧客セグメント
		・髪カット以外（脱毛、マッサージ、買い物、ダイエット、クリーニング） ・印象、イメージupの提案（ビジネス向け）スーツに似合う髪 ・短髪専門店高技術、実績 ・VIP感（全個室）ゆったり			**多忙なサラリーマン(30才)** ・理容室に行くのが面倒 ・髪のカットだけで行く時間ない ・スーツの似合う ・上手に短髪
	⑥資源			③販路（チャネル）	
⑨コスト構造			⑤収益の流れ		

図解3章-10

理容室

優先	悩み・課題・ニーズ	価値提案	顧客セグメント【優先】			
			1	2		3
			多忙なサラリーマン（30才）	定年後（高齢者）	子供連れ（小学生）	高校生
	理容室に行くのが面倒	出張理容室・待ちのついで（携帯の契約待ち・飛行機待ち）	○			
3	髪のカットだけで行く時間がない	髪カット以外も（脱毛、マッサージ、買い物、ダイエット、ネイル）	○			
	スーツの似合う髪型にしたい	ビジネスイメージを向上させる最新のトレンドを提案	○			
	担当者と相性が悪い	毎回カウンセリングによりコミュニケーションの改善と担当変更制	○			
1	上手に短髪にしてほしい	短髪のカット技術とスタイリングに特化した理容室	○			
	抜け毛に悩み	髪の定期健康診断無料	○	○		
2	ゆったりとくつろぎながらカット	個室専用理容室	○	○		
	顔そりが1番楽しみ	ハイクオリティなシェービング用具を使用	○	○		
	ヒマつぶし	豊富な雑誌を用意		○		
	リフレッシュしたい	最高のヘッドスパを提供	○	○	○	
	とにかく安く	競合店より安い				○
	VIP感	VIPルーム、VIPメニュー	○	○		
	子供と一緒に	親子カット			○	
	仕事しながら	Wi-Fi提供	○			

チャネルを設定する

次に③販路チャネルの設定をしていきますが、この時点で必ず顧客セグメントと価値提案の選定が終わっていることが前提です。

チャネルというと聞き馴染みのない言葉かもしれませんが、要するに「どこで、どうやって売るのかを考える」ということです。

モノを売るためにはまず顧客に知ってもらえないと売れません。知らないものは存在していないのと同じだからです。

手順1 **販路の5段階を理解する**

販路を5つの段階に分けて理解していきます。5つに分けることで整理がしやすくなります。

【販路の5段階】

①認知：商品・サービスを顧客に知ってもらう段階
　　　　広告戦略やプロモーションの段階
②評価：顧客に商品についてより深く知ってもらい評価を受ける段階
③購入：顧客が商品・サービスを購入する方法を検討する段階
④提供方法：購入してくれた顧客に、どのように商品・サービスや価値を届けるか検討する段階
⑤アフターフォロー：販売後のアフターサービス方法を検討する段階
　　　　顧客と長く関係性を築くために欠かせない次のブロックの「顧客との関係」と関連性がある

5段階をより理解するためにも、アパレル（洋服）の小売業で例えてみましょう。

①認知

　認知の段階では、顧客に自分たちの商品・サービスを知ってもらうためにFacebookやInstagramなどのSNS広告や、Googleなどのネット広告を出して「世の中にはこんな洋服がある」ということを知ってもらいます。

②評価

　広告から自社ホームページやランディングページ、Amazonや楽天市場などのECプラットフォームで、より詳しくその洋服の特徴を理解してもらいます。天然素材を使っている、デザインにこだわりがある、メイド・イン・ジャパン（日本製）である、などの自社商品の強みを打ち出します。

③購入

　自社ホームページやECプラットフォーム内で決済してもらう方法を検討します。ECプラットフォームであればプラットフォーム側に決済システムが備え付けられていますが、例えば自社ホームページの場合は、そこに決済フォームを組み込むことによって、評価から購入までが１つのサイト内で行える仕組みを構築できるようになります。

④提供方法

　顧客に購入してもらった洋服をどのようにして届けるかを検討します。注文から到着まで最短何日なのか、届ける方法はどの業者のどの方法（クロネコヤマトの宅急便など）を採用するのか、日時指定や時間指定などができるのか、配送場所は自宅以外に選択できるのか、といったことを決めていきましょう。

⑤アフターフォロー

　アフターフォローでは、新規で購入してくれた顧客に対してリピートしてもらうために何をするか、何度も利用してくれている顧客に対してより購入を促す方法は何か、洋服のサイズ違いのときにはどのような対応をするのか（無償交換なのか、送料は顧客持ちなのか）と言ったことを検討します。初回の購入時にLINEで会員登録（無料）をしてもらうことで、メールアドレスのリストを獲得し、その後の情報提供をしていくようなことも含まれます。

　5段階はこの順番で考えていくことが必要です。特に、知られていないものは存在していないのと同じですから、まず顧客に認知してもらい、興味を持ってもらった上で売っている場所に来てもらって、それから販売する順序が重要です。

手順2　販路をビジネスモデル・キャンバスに記入する

　5段階が理解できたら、実際にビジネスモデル・キャンバスに書き込んでいきますが、現実的に5段階すべてを埋める必要はありません。

　この段階で重要なのは、ターゲットとする顧客に一番届きやすい「告知の方法」と、そのターゲットに一番届きやすい「価値を届ける媒体」が何かを書いていくことです。

　そのためにも次の事項をイメージしながら検討してください。

・初めて発売するものであれば（ほとんどがこれに該当する）、広く早く認知される広告媒体を利用しようという発想
・高齢者がターゲットならSNSは見ないだろうから、新聞の折り込みチラシや、ポスティングを利用しようという発想
・20代がターゲットなら、より拡散されやすいSNSのInstagramを利用しようという発想

もしも思いつかない場合は、次の事項からターゲットに届きやすい
かを検討しながら選択してみてください。
　チャネルの種類も、この他にもアイデアがあれば追加したほうがい
いですが、思いつかないときは次の中から、ターゲットの特徴に合わ
せて選択してください。

図解3章-11①〜④

広告宣伝

- テレビ、新聞、雑誌、交通広告、サインボード広告、オンライン広告など

- 広告費を支払うため、伝えたいメッセージが届けたい
  ターゲットにリーチできるか 大きな問題

- 基本的に **広告は費用をかけるほど効果がある** ため
  資本力がある大手には勝てない

- 大きく分けて「**マス広告**」「**ネット広告**」「**SP広告**」に区分

マス広告 の代表的な種類

種類	費用目安	メリット	デメリット
テレビ広告	1本40万円〜75万円／15秒 放送局や時間帯によって異なる	広範囲に広告ができ 伝達力と拡散力あり	広告コスト高 準備の期間が長い 会社の規模大
新聞広告	全国紙、地方紙等の新聞に 掲載される広告 全国紙4,000万円規模 ／1ページ	高いブランディング 効果が期待できる	広告効果が短い 若者効果低
雑誌広告	有名雑誌200万円以上 ／1ページ	読者の性質により ターゲットしやすい	掲載までタイムラグあり
ラジオ広告	5万円〜10万円程度 ／20秒ほど	印象に残りやすい 費用対効果も高い	商品のイメージ形状が 聞き手の創造になって しまい伝わりづらい

ネット広告 の代表的な種類

種類	費用目安	メリット	デメリット
バナー広告	Yahooやサイト等 特定メディアの 広告枠を買って 掲載する広告 1万円〜数百万円	ユーザーへの訴求力、 マッチング力に優れ ブランド構築効果高	費用が高い 資本上中小企業は不向き
メール広告	メルマガの中に掲載する広告 メール5円から20円程度／1通	特定のセグメントに対して 広告が出せ、ターゲット 次第で広告効果高	メールが開かれないと広告が 表示されないため、CTR※が 低い ※表示回数に対するクリック率
動画広告	YouTube、Facebookなどの媒体 10円〜200円程度／1クリック	運用次第で非常に費用対 効果高（特に中小企業）	
リスティング広告	GoogleやYahoo等の広告 10円〜1,000円以上／1クリック	ユーザーへの訴求率が 高く成約率も高い	1クリック単価が高い傾向 入札や広告文による戦略が 必要（運用に手間必要）
SNS広告	Facebook、Twitter、Instagram 等の広告 1円〜200円程度／1クリック	中小企業には広告単価が 低く口コミ効果と拡散力あり 運用次第で非常に効果高	予算や、入札などの運用に 手間がかかる

SP広告（セールスプロモーション広告）の代表的な種類

種類	費用目安	メリット	デメリット
会員誌広告	有名会員誌に1ページで200万円以上	ターゲットしやすく 高いレスポンスが 期待	広告審査が厳しく、希望 会員誌に掲載不可もあり
フリーペーパー	駅などで配布される無料の紙メディアに 掲載される広告 1ページ30万円以上	特定の地域や 年齢、ジャンル などの絞込可能	マッチングしない場合の 費用対効果が非常に低い
交通広告	電車やバス、駅内に掲載する広告 ホームドアのステッカー：100万円以上／1カ月 JRの中刷りポスター：200万円／平日2日	訴求率が高い	競合広告とのバッティングや 設置場所の当たり外れが ある
ポスティング広告	特定のエリアで、チラシをポストに投函する方法 都内10円前後／1部	費用を絞り込み やすい	チラシを見ることなく 破棄されるリスクが高い
新聞折込み チラシ広告	東京都23区内3万円以上／B4サイズの1万部 （配布部数と地域によって異なる）	エリアマーケ ティングに強い	ターゲット層が狭く 広告効果が短い

図解 3 章-12

⑧協力者	⑦主な活動	②価値提案		④顧客との関係	①顧客セグメント
		・髪カット以外（脱毛、マッサージ、買い物、ダイエット、クリーニング） ・印象、イメージupの提案（ビジネス向け）スーツに似合う髪 ・短髪専門店 高技術、実績 ・VIP感（全個室）ゆったり			**多忙なサラリーマン（30才）** ・理容室に行くのが面倒 ・髪のカットだけで行く時間ない ・スーツの似合う ・上手に短髪
	⑥資源			③販路 ・SNS（インスタ） ・HP ・店舗	
⑨コスト構造			⑤収益の流れ		

顧客との関係を設定する

④顧客との関係の項目では顧客維持のための具体的な方法をビジネスモデル・キャンバスに記入します。

このときに混乱しやすいのが③販路（チャネル）との違いです。

チャネルは顧客との接点である物理的な媒体や場所です。一方、顧客との関係は実際にその顧客と長く関係をつないでいくための「手段や構造」という意味でソフト的な側面を持っています。

わかりやすく例えると、LINEに無料登録してもらって連絡先のリ

ストを獲得することが「チャネル」であり、LINE宛てに定期的にお
トク情報（新商品リリースの情報やセールの情報、誕生月の限定割
引、紹介割引など）を発信することが「顧客との関係」です。

図解3章-13

販路の5段階 のアフターフォロー

フェーズ	内容	
1. 認知	まずは商品やサービスを**知ってもらう** どのように広告を出すのか、どのように広めるのかを考える	見込客を 顧客へ
2. 評価	顧客からの**フィードバックを得るための方法**を検討する	
3. 購入	顧客が**商品サービスを購入するための方法**を検討する	
4. 提供方法	購入した顧客にどのように**価値を届けるか**検討する	
5. アフターフォロー	**販売後のアフターサービス方法**を検討する 顧客と長く関係性を築くために欠かせない 次のブロックの「顧客の関係」と関連性がある	アフター フォロー

顧客獲得後の 顧客の維持が重要

手順1　顧客との関係の重要性を理解する

　違いが理解できたら次はその重要性に着目していきます。顧客との
関係性を維持することは、言い換えればリピーターを獲得する行為で
す。

　経営（ビジネス）の世界には「2対8の法則」というものがあり、
これは「2割の優良（リピート）顧客が売上の8割をあげている」と
する理論です。

　新規顧客を獲得し続けるだけでは事業発展はできません。また、新
規顧客の獲得コストはとても高く、既存顧客販売に対するコストの5
倍かかるとも言われています。

　新規事業をする際には、新規顧客獲得をするための手段を考えるこ
とにエネルギーを注ぎがち（目を向けやすい）ですが、現実には顧客
の維持のほうが遥かに重要です。

だからこそ「顧客との関係＝顧客の維持」の項目が必要なのです。

手順2 **顧客との関係をビジネスモデル・キャンバスに記入する**

以上のことを念頭に置きながら、実際にビジネスモデル・キャンバスの「顧客との関係欄」に記入しましょう。

ポイントは「顧客が望む関係を選択する」「その関係性が顧客から面倒だと思われないか？」ということです。

この辺りを考えつつ、新規顧客を獲得後にどうやって顧客との関係性を維持・発展させるか、その活動を検討してください。もしもパッと思いつかない場合は、次の項目から選択してみるのもいいでしょう。

・会員制度、お友だち制度、オフ会などでコミュニティを作り、顧客との交流を定期的に図る
・直接的なサービス提供やセールスを伴わない定期連絡、無料診断などの機会接触によって、顧客と会う場を作る
・毎月面談を行うサービスにする（直接的なサービス提供、頻繁に会う機会を増やす）
　例えば、年1回直接面談3時間のコンサルティングではなく、毎月1回20分のWeb面談にする（関係性は会う濃度よりも回数が大事。1回で内容の濃い面談より、内容が薄くても会う回数を増やしたほうが関係性は強くなる）
・保守点検のためのサービスによって関係性を切らない工夫をする

⑧協力者	⑦主な活動	②価値提案		④顧客との関係	①顧客セグメント
		・髪カット以外（脱毛、マッサージ、買い物、ダイエット、クリーニング）・印象、イメージupの提案（ビジネス向け）スーツに似合う髪・短髪専門店　高技術、実績・VIP感（全個室）ゆったり		・会員サービス→月1回特典・LINEお友だち→情報提供（美容など）	多忙なサラリーマン（30才）・理容室に行くのが面倒・髪のカットだけで行く時間ない・スーツの似合う・上手に短髪
	⑥資源			③販路・SNS（インスタ）・HP・店舗	
⑨コスト構造				⑤収益の流れ	

収益の流れを設定する

　⑤収益の流れは、自社の商品・サービスをどういう流れでマネタイズしていくかを意味します。

　収益の流れで理解しておくべきは次の3つです。

・顧客が"どのような価値"にお金を払うか
・顧客は"何"にお金を払っているのか
・顧客は"どのような手段"でお金を払っているのか

さらに「どのような課金が効果的か」ということもありますが、これは顧客側ではなく、企業側が検討することとして必要なことです。

手順1 　**収益の流れをビジネスモデル・キャンバスに記入する**

具体的にビジネスモデル・キャンバスに記入する「収益の流れ」が次の3つです。

・お金の流れ
・お金をいただくタイミング（キャッシュポイント）
・お金をいただく方法（決済手段）

同時に「金額も記載できれば、なお良いですが、この時点ではイメージをつかむ段階ですので、料金はだいたいで構いません。

また、次に記載する「成功のコツ」をイメージすると、収益の流れは考えやすくなりますのでおすすめです。

【キャッシュポイントを検討する意味】

商品・サービスを複数用意しておき、「フロントエンド商品」「バックエンド商品」などに分けて販売する手法も商品によっては有効です。フロントエンド商品とは顧客を呼び込むために、始めに提供する商品やサービスのことで、購入のハードルを下げて、商品の満足感を体験してもらうことが目的です。

バックエンド商品とはフロントエンド商品を購入してもらったあとに販売する商品・サービスのことでより高額な商品を設定します。

いきなり高額商品を売ろうとしても難しいため、高額商品を売る場合は、この手法がおすすめです。

【単発か定額制か】

　商品・サービスが売れることはありがたいですが、1回の購入で終わってしまうよりも定額制のサブスクリプションモデルにできる方が収益は安定します。ただし、サブスクは難易度が高い（退会しない仕組みが重要で時間がかかる）ため、最初から定額制を導入するのではなく、あとから導入できる計画を立てておき、タイミングを見て定額制をリリースするのがよいでしょう。

【顧客が購入する理由は何か】

　顧客が商品を購入するのは単に商品・サービスが優れている"だけ"が理由ではありません。「この世にたった1つ、そこにしかない商品」でもない限り、売り手側のコミュニケーションや、細やかなアフターフォロー、商品・サービスを利用することのステータス、商品・サービスそのものが抱えている「価値」にお金を払っていることが多いです。

　あなたがなぜ選ばれるのか、理由を把握しておきましょう。

【顧客目線の支払い方法】

　現金振込は日銭が稼げてありがたいですが、あくまでそれは自社都合です。顧客目線に立って、どのような支払方法であれば購入しやすいかを検討しましょう。

図解 3 章-15

⑧協力者	⑦主な活動	②価値提案		④顧客との関係	①顧客セグメント
		・髪カット以外（脱毛、マッサージ、買い物、ダイエット、クリーニング） ・印象、イメージupの提案（ビジネス向け）スーツに似合う髪 ・短髪専門店 高技術、実績 ・VIP感（全個室）ゆったり		・会員サービス →月1回特典 ・LINEお友だち →情報提供（美容など）	多忙なサラリーマン（30才） ・理容室に行くのが面倒 ・髪のカットだけで行く時間ない ・スーツの似合う ・上手に短髪
	⑥資源			③販路 ・SNS（インスタ） ・HP ・店舗	

⑨コスト構造	⑤収益の流れ
	会員 ・年会費　10,000円 ・会員料金　全サービス20％off 　　　年6回以上お得（@10,000円とした場合） 　　　単価8,000円

資源を設定する

　⑥資源の項目では「あなたの商品・サービスや価値提案を行うために必要なリソース」をビジネスモデル・キャンバスに記入します。

　経営における資源とは「ヒト」「モノ」「カネ」「情報」「技術ノウハウ」などのことを指します。具体的には次のようなものです。

・人的資源：従業員やパートナー、顧客情報など
・物理的資源：工場や土地、ビル、車両、システムなど

・ファイナンス資源：会社が保有している現金預金、銀行からの借
　入限度額など
・知的財産：特許や著作権などの知的財産、会社独自のシステムな
　どを構築して特許を取得すると会社にとって大きな知的財産にな
　る

手順1　**「資源」の洗い出しを行う**

　資源をビジネスモデル・キャンバスに書き込む前に①顧客セグメン
トのときのようなノートやExcelをもう一度用意し、資源シートを作
りましょう。そして、次のようにそれぞれをカテゴリー分けします。

図解3章-16

資源（リソース）	あり/なし	取得方法

　「資源」欄には②価値提案で決めた解決案を実行するために必要な
リソースを書き出します。
　実際に自分たちがそのリソースを持っているかどうかではなく、解
決案のための必要なリソースを列挙します。
　例えば美容室だったら「実際の店舗」「カットを行うための洗面台
や椅子などの設備」「ハサミやドライヤーなどの機器」の他に、集客
のためのホームページや、オウンドメディアとしてのSNS、実際に施
術を行うスタイリストやアシスタント、独自に持っているカット技術

など、経営資源＝ヒト・モノ・カネ・情報・ノウハウに即したものを
リストアップしていきます。

　他にも、大量生産が売りの製造業は量産体制可能な製造ラインが重
要資源になります。
　あるいは、デザイン性を重視しているのであれば、デザイナーは人
的資源として重要になるでしょう。経験やノウハウも1つの資源なの
です。
　または、属人化しないようにマニュアルやシステムなどを作ってお
くことが、組織の強み・資源にもなります。

手順2　資源の有無を確認する
　資源の書き出しができたら、実際に今の自分たちがそれを持ってい
るかどうかを「あり」か「なし」かで書いていきます（現状、すでに
あるものは「あり」、現状不足する資源は「なし」とリストに記入し
ていく）。
　その上で、現状不足する資源として「なし」と記載した資源につい
ては、今後どのように取得するのか、それとも内製化するのか外部に
委託するのかを検討していきます。

　なるべくすべてを内製化しようとする必要はありません。
　むしろビジネスをスピードアップさせるためには、外部委託したほ
うが質的にも価格的にも優れていることもあります。

手順3　洗い出した資源を精査する
　検討した結果、不足している資源をどう獲得していくかについて
「取得方法欄」に記入します。
　自社の活動によって取得する予定であれば「⑦活動」と、アウトソ

ーシングあれば「⑧協力者」と書きます。

　理容室で、現状は店舗が「ない」として、取得するために店舗を探すのであれば「活動」になりますし、スタイリストを社員として雇用するのではなく個人事業者としてパートナーシップを組む予定であれば「協力者」です。

　この2つの選択肢は、この先の構成要素に関わってきます。

図解3章-17

⑥資源、リストアップ

価値提案するために必要な資源を列挙して書き出し

資源	あり・なし	取得方法
店舗（物件）	なし	⑦活動
設備：カットイス・シャンプー台など	なし	⑦活動
機器：パーマ・アイロン・ドライヤーなど	なし	⑦活動
顧客リスト	あり	
集客用ホームページ	なし	⑦活動
SNS（インスタ）	なし	⑦活動
カット技術（短髪専門）	あり	
人材　スタイリスト　2人	なし	⑧協力者
人材　アシスタント　1人	あり	

手順4　資源をビジネスモデル・キャンバスに転記する

　最後に、資源シートで整理したものをビジネスモデル・キャンバスに転記していきますが、資源シートにて「あり」としたものと「なし」としたものを明確に分けて転記します。

　まず、資源シートの「あり」になっている資源を、ビジネスモデル・キャンバスの⑥資源項目に「資源名　あり」と記載します。

　逆に「なし」になっている資源で、かつ取得方法欄に「⑦活動」と書かれている場合は、ビジネスモデル・キャンバスの⑥資源項目に「資源名　なし　⑦活動」と記載します。

同様になしになっている資源で「⑧協力者」と書かれているものについては、あとで別で記入しますので今は保留にしておいてください。

図解3章-18

⑧協力者	⑦主な活動
	⑥資源 ・店舗　なし ・設備　なし ・機器　なし ・顧客リスト　あり ・集客用ホームページ　なし ・SNS（インスタ）なし ・カット技術　あり ・人材（アシスタント）あり
⑨コスト構造	

⑧協力者	⑦主な活動	②価値提案		④顧客との関係	①顧客セグメント
		・髪カット以外（脱毛、マッサージ、買い物、ダイエット、クリーニング） ・印象、イメージupの提案（ビジネス向け）スーツに似合う髪 ・短髪専門店高技術、実績 ・VIP感（全個室）ゆったり		・会員サービス →月1回特典 ・LINEお友だち →情報提供（美容など）	**多忙なサラリーマン（30才）** ・理容室に行くのが面倒 ・髪のカットだけで行く時間ない ・スーツの似合う ・上手に短髪
	⑥資源 ・店舗　なし ・設備　なし ・機器　なし ・顧客リスト　あり ・集客用ホームページ　なし ・SNS（インスタ）なし ・カット技術　あり ・人材（アシスタント）あり			③販路 ・SNS（インスタ） ・HP ・店舗	
⑨コスト構造		⑤収益の流れ [会員] ・年会費　　10,000円 ・会員料金　全サービス20％off 年6回以上お得（@10,000円とした場合） 単価8,000円			

主な活動を設定する

　⑦主な活動の項目では「商品・サービスや価値提案を行うための具体的な活動方法」をビジネスモデル・キャンバスに記入します。

　営業活動や人材採用、ホームページやSNSなどのメディア製作、マーケティング、アプリシステム開発、製品製造、市場調査など、あなたが行うビジネスに必要な活動を書いていきます。

図解3章-19

	7 主な活動	**2**	**4** 顧客との関係	**1**
8 協力者		価値提案		顧客 セグメント
	6 資源		**3** 販路	
9 コスト構造			**5** 収益の流れ	

手順1　主な活動の項目をリストアップする

　ここでもExcelやノートを使ってリストアップのための「活動シート」を作りましょう。ここに、価値提案するための活動を思いつく限りすべて列挙していきます。

　このときのポイントは、現時点で必要な活動をどんどん列挙することです。ノウハウがなければ「マニュアル作成する」や、外部委託するのであれば「委託するまでに何をするか」を書きます。

　または「現人材の教育を行うことで人材を確保する」のであれば、それが「中途採用」なのか「新卒採用」なのか、などの人材の確保の詳細を考えていきます。

　ひと通りリストアップが済んだら、抜け漏れがないようにすでに作

成済みの資源シート（⑥資源）から追加がないかを探っていきます。

　資源シートの取得方法欄に「⑦活動」とメモしてあるもので、リストアップから抜けていたり漏れているものがあれば追加で活動シートへ転記していくのです。

　またこのときに、活動項目の後ろに（）をつけるなどして詳細に設定してください。後の行動計画に使用していくためです。

図解3章-20

⑦　活動　リストアップ

価値提案するために必要な資源を列挙して書き出し

活動
店舗取得（物体調査）
機器・備品　取得（購入　見積）
資金調達（銀行・補助金）
SNS（インスタ）運用
HP制作
仕入先
研修
マニュアル更新

手順2　**「重要な活動」だけビジネスモデル・キャンバスに転記する**

　活動シートのリストアップが終わったら、次はこれを見ながら活動項目の中でも「優先する活動」「重要な活動」と思われるものだけをビジネスモデル・キャンバスに転記していきます。

　その理由はそれぞれ目的が異なるからです。

　活動シート全体の内容は、後ほど行動計画を立てる際のベースとなります。ですから、抜け漏れなく記入する必要があります。

　ですが、ビジネスモデル・キャンバスはビジネスモデルの9つの構成要素全体を見て考察していくツールなので、詳細に書きすぎる必要はありません。

　ビジネスモデルの戦略を立てていくには、重要項目だけ記載だけで大丈夫です。

図解 3 章-21

⑧協力者	⑦主な活動
	・店舗（立地調査） ・SNS（インスタ） ・資金調達 ・研修 ・マニュアル更新
	⑥資源 ・店舗　なし ・設備　なし ・機器　なし ・顧客リスト　あり ・集客用ホームページ　なし ・SNS（インスタ）なし ・カット技術　あり ・人材（アシスタント）あり
⑨コスト構造	

⑧協力者	⑦主な活動	②価値提案	④顧客との関係	①顧客セグメント
	・店舗（立地調査） ・SNS（インスタ） ・資金調達 ・研修 ・マニュアル更新	・髪カット以外（脱毛、マッサージ、買い物、ダイエット、クリーニング） ・印象、イメージupの提案（ビジネス向け）スーツに似合う髪 ・短髪専門店 高技術、実績 ・VIP感（全個室）ゆったり	・会員サービス →月1回特典 ・LINEお友だち →情報提供（美容など）	多忙なサラリーマン(30才) ・理容室に行くのが面倒 ・髪のカットだけで行く時間ない ・スーツの似合う ・上手に短髪
	⑥資源 ・店舗　なし ・設備　なし ・機器　なし ・顧客リストあり ・集客用ホームページなし ・SNS（インスタ）なし ・カット技術あり ・人材（アシスタント）あり		③販路 ・SNS（インスタ） ・HP ・店舗	
⑨コスト構造			⑤収益の流れ 会員 ・年会費　10,000円 　　　・会員料金　全サービス20％off 　　　　年6回以上お得（@10,000円とした場合） 　　　　単価8,000円	

協力者を設定する

⑧協力者の項目ではアウトソーシング先のビジネスパートナーをビジネスモデル・キャンバスに記入します。

製造請負先、小売先、販売代理店、物流業者、設備資源提供者、等です。

手順1　協力者をリストアップする

協力者の検討には３つのポイントがあります。

・「自分の持っている資源だけでサービスを運用できるか」を見極めて、「そもそも必要かどうか」を検討する
・「ビジネスを行う上で重要な協力者は誰か」を検討する
・「想定していた協力者との協業が不成立の場合、どの協力者と組むか」などの戦略を検討する

手順2　協力者をビジネスモデル・キャンバスに記載する

協力者欄に書き込む場合は「何をしてもらうのか」と「具体的な協力者名」を書いていきます。

さらに、抜け漏れがないように、資源シートの取得方法欄の「⑧協力者」を確認してみましょう。

加えて、活動シートも見て「協力者に依頼するもの」の漏れがないかも確認します。

手順3　躓いたら「成功のコツ」をイメージして再度書き出す

もしも協力者を書き出す際にうまくリストアップができない場合は、次のことを参考にしてみてください。

・不足する資源（リソース）はキー・パートナーに列挙できる

・大手企業と手を組む方法を検討する（大手と組むことができれば信用が大幅にアップする。大手と組んでいるだけで他社との取引の際に安心され、有利となる）

・他社との協業を検討する（自社商品をゼロから開発するのは困難です。他社商品を販売したり、ノウハウを活用できないか検討します）

・新規市場や海外進出を協業により得る方法を検討する（実績がある他社と組むことで、進出が容易になる）

図解3章-22-①

⑧協力者	⑦主な活動
・人材（スタイリスト）1名 ・集客（SNS運用） 株式会社○○○	・店舗（立地調査） ・SNS（インスタ） ・資金調達 ・研修 ・マニュアル更新
	⑥資源 ・店舗　なし ・設備　なし ・機器　なし ・顧客リスト　あり ・集客用ホームページ　なし ・SNS（インスタ）なし ・カット技術　あり ・人材（アシスタント）あり
⑨コスト構造	

図解3章-22-②

⑧協力者	⑦主な活動	②価値提案		④顧客との関係	①顧客セグメント
・人材（スタイリスト）1名 ・集客（SNS運用） 株式会社○○○	・店舗（立地調査） ・SNS（インスタ） ・資金調達 ・研修 ・マニュアル更新	・髪カット以外（脱毛、マッサージ、買い物、ダイエット、クリーニング） ・印象、イメージupの提案（ビジネス向け）スーツに似合う髪 ・短髪専門店　高技術、実績 ・VIP感（全個室）ゆったり		・会員サービス →月1回特典 ・LINEお友だち →情報提供（美容など）	多忙なサラリーマン（30才） ・理容室に行くのが面倒 ・髪のカットだけで行く時間ない ・スーツの似合う ・上手に短髪
	⑥資源 ・店舗　なし ・設備　なし ・機器　なし ・顧客リスト　あり ・集客用ホームページ　なし ・SNS（インスタ）なし ・カット技術　あり ・人材（アシスタント）あり			③販路 ・SNS（インスタ） ・HP ・店舗	

⑨コスト構造	⑤収益の流れ
	会員 ・年会費　　10,000円 　　　・会員料金　全サービス20%off 　　　　　　　　年6回以上お得（@10,000円とした場合） 　　　　　　　　単価8,000円

コスト構造を設定する

　⑨コスト構造の項目では「価値を提供する上での必要なコスト」をビジネスモデル・キャンバスに記入します。

　コストについては「設備費用」「固定費」「変動費」の3つに区分して考える必要があります。その上で、次のことを検討しましょう。

・開発費、仕入、人件費、賃貸費、広告宣伝費、外注費、設備費用などのコストに名前を付ける
・「⑥資源」「⑦主な活動」「⑧協力者」などコストの発生源を整理

する

・収入（売上）からコストを差し引いたものが「利益」となる

手順1　コスト構造シートで設備費をリストアップする

　ここでもExcelやノートを使って「コスト構造シート」を用意しましょう。このシートは後ほど作成する収支計画書の基になります。

図解3章-23

	項目	金額	
設備費			
変動費			
固定費			
合計			

　その上で、最初にシートの設備費欄に、このビジネスで必要な設備

と金額を記入していきます。

　具体的に設備とは、店舗取得（保証金敷金）や工場、機械、備品、車両、事務所の内装・外装工事費用、ホームページ制作費用などで、金額でいうと"30万円以上のもの"と考えてください。

手順2　コスト構造シートで変動費をリストアップする

　次に、シートの変動費欄に、このビジネスで発生する変動費の項目と金額を記入していきます。

　変動費とは、生産量や販売量に比例して金額が変動する経費です。具体的には、原材料費や仕入原価、販売手数料、運送費などが含まれます。

手順3　コスト構造シートで固定費をリストアップする

　続いて、シートの固定費欄に、このビジネスで発生する固定費の項目と金額を記入していきます。

　固定費とは、生産量や販売量に関わらず、一定の金額が発生する経費です。具体的には、人件費や事務所の家賃、水道光熱費、広告宣伝費などがあります。

手順4　コストをビジネスモデル・キャンバスに転記する

　最後に、リストアップしたコスト項目をビジネス・モデルキャンバスの⑨コスト構造に転記していきます。

　このときにコスト項目が10項目以内であればすべて書き写します。

　逆にそれを超える場合は、金額が大きい順に10項目を選択して書き写してください（コスト構造シートは保管しておいてください）。

　あえて10項目以内に絞るのは、他の構成要素と同様に、ビジネスモデル・キャンバスが全体のビジネスモデルを構築をするためのツールだからです。各項目を細かく記入しすぎると、全体の構築する際に

わかりづらくなってしまうのです。

図解3章-24

⑨コスト　　リストアップシート

	項目	金額
設備		
変動費		
固定費		
合計		

⑨コスト　　リストアップシート

	項目	金額
設備	店舗（敷金）　　　　　　　200,000円×6ヵ月分＝1,200,000円	1,200,000
	店舗（取得費・礼金・仲介など）200,000円×3ヵ月分＝600,000円	600,000
	（小計）　　　　　　　　　　　1,800,000円　①	
	内装工事　　　　　　　　　　　5,000,000円　②	5,000,000
	備品　　　　　　　　　　　　　2,000,000円　③	2,000,000
	設備費合計（①＋②＋③）　　　8,800,000円	
変動費	売上　　原価率	
	材料等　仕入　　　2,000,000円×10%＝200,000円	200,000
固定費	（人件費）	
	給与（スタイリスト）社員　1人×250,000円＝250,000	250,000
	（アシスタント）社員　1人×200,000円＝200,000	200,000
	業務委託　　　　　　　　　1人×300,000円＝300,000	300,000
	（小計）　　　　　　750,000円　①	
	家賃　　　　　　　　　　　　　200,000円	200,000
	水道光熱費　　　　　　　　　　40,000円	40.000
	通信費　　　　　　　　　　　　30,000円	30,000
	広告宣伝費　　　　　　　　　　250,000円	250,000
	消耗品費　　　　　　　　　　　50,000円	50,000
	支払手数料　　　　　　　　　　50,000円	50,000
	その他　　　　　　　　　　　　30,000円	30,000
	（小計）　　　　　　650,000円　②	
	固定費合計（①、②）　　　　1,400,000円	
合計		10,400,000

ビジネスモデル・キャンバス(たたき台)を完成させる

　ここまでで「たたき台」としてのビジネスモデル・キャンバスの作成は終わりました。

　もしまだ埋まっていない項目があれば、もう一度振り返って、それを埋めてください。

　その上で、この「たたき台」としてのビジネスモデル・キャンバスを完成させるためには、次の２つのことをする必要があります。

【しっくりこない点や矛盾点を精査する】

　９つの構成要素全体を何度も眺めて、問題点や、しっくりこない項目がないか、矛盾しているところがないかを検証してください。全体を俯瞰することで、１項目ずつ作成しているときに気づかなかった問題点を見つけることができます。

【ストーリーとしてつながるかを確認する】

　問題点が見つからないところまで進めることができたら、今度は９つの構成要素がストーリーとしてつながっているかどうかを確認します。

『自分（たち）は①の顧客に対して③という販路を使って②という価値提案を行う。その際に④の方法で顧客との関係を継続的にしていく。また、⑤という収益の流れを実現するために⑥というリソースを所有しており、⑧の人々とともに⑦という活動を行う。その際に⑨のようなコストが発生する』

　お疲れさまでした。

　これでビジネスモデル・キャンバスのたたき台が完成しました！

第 4 章

ビジネスモデル・キャンバスを作る【アップデート編】

ビジネスモデル・キャンバスを更新してアップデートさせる

　前章までの流れで、一旦はビジネスモデル・キャンバスの「たたき台」を作成するところまで説明してきました。

　本章では①顧客セグメントと②価値提案を再考して、ビジネスモデル・キャンバスを更新する手順をお伝えしていきます。

　ビジネスモデル・キャンバスでは①顧客セグメント（ターゲットの悩み・課題・ニーズ）と、それを解決する②価値提案が非常に重要な項目です。

　このターゲットの悩み・課題・ニーズに対して、提供する価値＝商品・サービスに少しでもズレがあるとまったく売れなくなってしまいます。特に現代は顧客の悩みを解決する商品でないと売れません。

　言い換えると「機能が多数あって非常に便利なので、どうぞ使ってください」というシーズ志向の考えではなく、「ユーザー視点」つまりニーズ志向で商品・サービスが必要なのです。

　さらに言ってしまえば、①顧客セグメントと②価値提案のズレは、大きなものであれば気づけるのですが、小さなものの場合は気づかないことがあります。

しかも、一番厄介なのは違和感があるのに大筋は間違っていないために、かゆい所に手が届かない商品・サービスになってしまうことです。

　類似の他社の商品は売れているのに、自社商品は売れないの原因はここにあります。

　もしかすると、前章の手順を経てあなたのビジネスモデル・キャンバスの「9つの構成要素のストーリー」は、良いものができているかもしれません。

　ただそれでも、①顧客セグメントと②価値提供がズレていると、まったく売れなくなってしまうのです。ですから本章で、徹底して検証・深掘りをしていきましょう。

ニーズと価値をマッチングさせる バリュープロポジション・キャンバス

　具体的に、ビジネスモデル・キャンバスの更新を行っていく流れは、次のようになります。

工程1：ペルソナ設定
工程2：バリュープロポジション・キャンバス
工程3：価値提案のズレを再確認
工程4：価値提案の再考察
工程5：ビジネスモデル・キャンバスの②価値提案を書き換え
工程6：ビジネスモデル・キャンバスの①〜⑨を再考察
工程7：ビジネスモデル・キャンバスの①〜⑨を書き換え
★ビジネスモデル・キャンバスのアップデート版完成

　その際に、とても重要となるツールが2つ目の工程で出てくる「バ

リュープロポジション・キャンバス」です。

　バリュープロポジション・キャンバスとは、顧客のニーズとあなたが提供する価値をマッチングさせる（ズレをなくす）ためのフレームワークです。

　①～⑧までの8つの要素で構成されており、それぞれが「自分目線」と「顧客目線」に分かれて対応しています。

　そして、バリュープロポジション・キャンバスを利用する際には、まず「ペルソナ設定」を設定していかなければいけません（詳細は手順のところで解説します）。

図解4章-1

バリュープロポジション・キャンバス	
自社目線のこと	顧客目線のこと
①顧客への価値提供	②顧客セグメント
⑥製品やサービス	③顧客が解決したい課題
⑦顧客への利得をもたらすもの	④顧客の利得
⑧顧客への悩みを取り除くもの	⑤顧客の悩み

ターゲットを想定して絞り込む「ペルソナ設定」

　ペルソナ設定を行うことでバリュープロポジション・キャンバスはとても使いやすくなると私は考えています。

　ペルソナとは本来「人間が外界（外側）に対してつけている仮面」のことを意味しますが、マーケティングの世界では「商品・サービスの具体的な顧客像」を意味します。

　ペルソナ設定ではあなたの商品・サービスのターゲットとなる顧客の「具体的な人物像」まで設定していきます。

例えば、ペルソナを設定する際には「30代サラリーマン」「20代主婦」「16～18歳の男子高校生」という年齢や性別、属性などによるグルーピングを行います。

　ですが、これではまだ"幅広い"です。この程度の絞り方だと、そのユーザーの価値観や行動、特徴などを把握することが困難です。

　そこで、さらに深掘りして「1人の架空人物像」を想定して絞り込んでいきましょう。

　例えば「30代ビジネスマン」なら、どういった30代で、どういった仕事をしているビジネスマンでしょうか？

　具体的な名前や住んでいる場所や年収などを、フワッとではなく"明確な1人"に絞り込んで設定するのです。

　そうすることで、その人の行動や生活習慣、抱えている悩み、解決したいと思っているニーズや問題点をイメージして発見しやすくなるのです。

●優先順位1位のターゲットのプロフィールを作成する

　ペルソナ設定をするときには、ビジネスモデル・キャンバスの「①顧客セグメント」を参考にします。

　その中の優先順位1位のターゲットを架空の人物としてイメージし、プロフィールを作ってみましょう。

　具体的には優先順位1位のターゲットの次の項目を埋めます。

・名前
・年齢
・性別
・学歴
・職業

・役職

・住居

・世帯年収

・家族構成

・日課、習慣

・インターネットとSNSの利用状況

・抱えている悩み

　次の図のペルソナの設定例くらい詳細に設定するイメージでプロフィール作成を行ってください。

図解4章-2

氏名	田中　あきら
年齢	30歳
性別	男性
学歴	大学卒
職歴	IT企業勤務（ベンチャー）
役職	部長
居住	千葉県千葉市　持ち家　戸建て
世帯年収	600万円
家族構成	妻、1歳息子
日課・習慣	平日仕事 電車通勤（9時〜21時）、ベンチャー企業で伸び盛り仕事中心の生活
	土曜日（仕事　9時〜21時）
	昼だけ外食（定食500円）
	スポーツジム（平日1回　火曜日20時から）
	テレビ
よく利用する店、サービス	平日 徒歩5分コンビニ、休日 車でショッピングセンター
インターネット・SNS利用状況	Amazonプライム、インスタ、ツイッター、LINE
悩み	休日 息子が1歳で外出が困難、平日は9時〜21時まで仕事

バリュープロポジション・キャンバスを作成する

ペルソナ設定ができたら、次はバリュープロポジション・キャンバスを作成していきます。

改めてバリュープロポジション・キャンバスとは、顧客のニーズと提供する価値をマッチングさせるためのフレームワークです。

ビジネスでは、競合他社との差別化が重要です。マーケティングの世界での差別化とは、市場における自社の商品・サービスの販売戦略と他社戦略との間に違いを生み出すことです。

ただ、差別化のために他社よりサービスを追加したり、機能性を増やしたりした結果、消費者にとっては使いづらかったり、そもそもの顧客ニーズとの間にズレが生じてしまうこともあります。

ズレがあると、どんなに機能性が良い商品、便利だと思われるサービスであっても売れません。そして、それを"作ったあと"に気づいてしまうと膨大な時間と労力とお金というコストが発生してしまいます。

そうならないためにも、バリュープロポジション・キャンバスを活用します。

●ビジネスモデル・キャンバスとバリュープロポジション・キャンバスを連動させる

バリュープロポジション・キャンバスでは、第2章で作ったビジネスモデル・キャンバスたたき台の「①顧客セグメント」と「②価値提供」を深掘りするイメージで検討を重ねていきます。

さらに、この2つを8つの要素に分解します。図を見ると、バリュープロポジション・キャンバス①〜⑧の要素の順番が変な形になっていると思うかもしれませんが、これで合っています。

図解 4 章 - 3

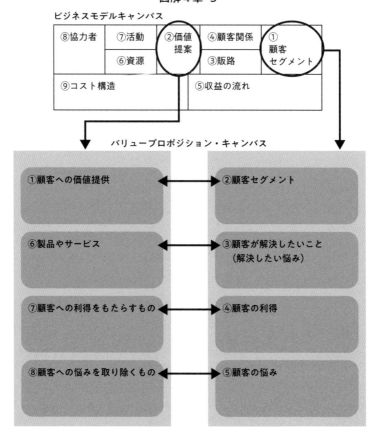

ビジネスモデルキャンバス

⑧協力者	⑦活動	②価値提案	④顧客関係	①顧客セグメント
	⑥資源		③販路	
⑨コスト構造			⑤収益の流れ	

バリュープロポジション・キャンバス

①顧客への価値提供 ⟷ ②顧客セグメント

⑥製品やサービス ⟷ ③顧客が解決したいこと（解決したい悩み）

⑦顧客への利得をもたらすもの ⟷ ④顧客の利得

⑧顧客への悩みを取り除くもの ⟷ ⑤顧客の悩み

　その上でまずはバリュープロポジション・キャンバスの「①顧客への価値提供」の欄に、ビジネスモデル・キャンバスたたき台の「②価値提案」に記載した内容＝何を提供するかを記入します。

　次に、バリュープロポジション・キャンバスの「②顧客セグメント」の欄に、ビジネスモデル・キャンバスたたき台の「①顧客セグメント」に記載した内容＝顧客のニーズを記入してください。

●設定したペルソナをイメージして課題を記入する

　ここからは①と②をベースに、事前に作っておいたペルソナ設定も参考にしながら③〜⑧を検討していきます。

図解4章-4

①顧客への価値提供	②顧客セグメント
⑥製品やサービス	③顧客が解決したい課題
⑦顧客への利得をもたらすもの	④顧客の利得
⑧顧客への悩みを取り除くもの	⑤顧客の悩み

　まずはバリュープロポジション・キャンバスの「③顧客が解決したい課題」を記入していきますが、このときに活用できるのがペルソナ設定のプロフィールです。

　設定したペルソナが、生活する中でどんな心理や行動をとっているか、客観的に認識しながらペルソナが解決したい課題について考えていきます。

　ターゲットを絞ることで考えやすくはなっていますが、課題をイメージして書き出すこの項目は、なかなか出しづらい部分だと思います。

　そこで私がおすすめしているのが次の方法です。

・既存の顧客や知り合いなどにアンケートを取るなどして、インタビューをすることで聞き出す方法（一番早くて精度が高い）

・ネットで検索して、悩みやニーズを見つける方法（過去ログ検索ならYahoo!知恵袋、リアルタイム情報ならTwitterがおすすめ。提供する商品・サービス名で検索をかけるとその商品・サービスについての評価が出てくる。良かった投稿で「ここが便利、この点にひかれてつい買っちゃった」など、悪かった投稿で「ここが使いづらい、ここがおいしくない、ここが不便」などをピックアップする）

●設定したペルソナをイメージして利得を記入する

　次にバリュープロポジション・キャンバスの「④顧客の利得」を考えていきます。

　ここでは、ターゲットである顧客が抱えている課題や悩みを解決することによって、どんなベネフィットを得られるかを検討します。

　このときに注意してもらいたいのは「メリット」よりも「ベネフィット」を考えることです。

　この２つの違いは、次の通りです。

　・メリット：商品・サービスの売りや特徴
　・ベネフィット：商品・サービスを手にしたことで得られる恩恵

　例えば、最新のバイクを商品とした場合、メリットは「ライトがLEDである」「最新技術のエンジンである」「前のモデルより燃費が良い」「転倒抑制のための補助機能がついている」などになります。

　一方、同じバイクのベネフィットで言えば「最新モデルなので周囲から注目される」「燃費が良いから同じ費用で今までよりも遠くへ行ける」「バイクなので渋滞に巻き込まれる状況が減る」「転倒の可能性が減ってケガをする可能性が少なくなる」などになります。

●設定したペルソナをイメージして悩みを記入する

　続いて、バリュープロポジション・キャンバスの「⑤顧客の悩み」を考えていきます。

　これは③顧客が解決したい課題と似ているように感じるかもしれませんが、ここで考えるべきはその先の「顧客が課題を解決するときの障壁となるもの、嫌なこと、減らしたいこと」です。

　先ほどのバイクの例で言えば「価格が高い」「実車を見たい」「試乗してみたい」などです。思いつく限り、書いていきましょう。

●顧客目線をイメージして商品・サービスを記入する

まず、バリュープロポジション・キャンバスの「⑥製品やサービス」に自社の商品・サービス内容を記入します。

これは③顧客の課題に対応していて、ターゲットとなる人たちが抱えている課題を解決する方法として、自社がどんな商品・サービスを提供して顧客ニーズを満たすのかを記入します。

●顧客目線をイメージして顧客へのベネフィットを記入する

続いて、バリュープロポジション・キャンバスの「⑦顧客の利得をもたらすもの」に、自社の商品・サービスが顧客の求めるベネフィットに対して、具体的にどんなものを提供できるかを記入します。

これは④顧客の利得に対応しています。このときにポイントとなるのは、自社の商品・サービスを再定義する視点です。

ここまでの流れの中ですでに商品・サービスは存在していて、かつ「それがどれくらい良いものであるか」ということは明確になっていると思います。ただ、もしかすると現状明確になっているものは"メリット"かもしれません。

くり返しになりますが、大事なのはメリットの先にある「ベネフィット＝商品・サービスを手にしたことで得られる恩恵」です。

例えば、日本のバイク産業と言えばHONDA、YAMAHA、SUZUKI、KAWASAKIの4社が代表的ですが、単にバイクを手に入れるだけであれば必ずしもHONDAである必要はありません。

HONDAのバイクを買うのであれば「HONDAを買うからこそ得られる恩恵」が存在します。

同じように、⑦顧客の利得をもたらすものを記入するときも、あなたの商品・サービスのメリットではなくベネフィットを記入しましょう。もしも、そこが明確でないのであれば、この時点で再定義を行っ

てください。

●顧客目線をイメージして悩みを取り除く方法を記入する

　最後は、バリュープロポジション・キャンバスの「⑦顧客の悩みを
取り除くもの」に、顧客の悩みを取り除く自社の商品・サービスを記
入します。

　これは⑤顧客の悩みに対応しています。⑥製品やサービスと混同し
てしまいがちですが、違いとしては、現実にその商品・サービスの提
供を顧客が受ける際に障害となるものを「取り除く方法」を記入しま
す。

　そうすることで「買わない理由」を潰す効果があります。

●バリュープロポジション・キャンバスは何度も再考して修正する

　ここまででバリュープロポジション・キャンバスがひと通り作成で
きたと思います。

　ただ、バリュープロポジション・キャンバスはビジネスモデル・キ
ャンバスと同様、一度で完成させるもの（できるもの）ではありませ
ん。

　ビジネスモデル・キャンバスの「①顧客セグメント」と「②価値提
案」を明確にするためのものなので、何度も見直し、修正を加えるよ
うに使ってください。再考していくうちに気づきが出てくるでしょ
う。その気づきが重要なのです。

①顧客への提供価格	②顧客セグメント
髪の悩み（カット、パーマ、髪染め）、お顔そり	30歳 男性 独身 ベンチャー企業勤務（多忙）

⑥製品やサービス（自社のサービスを書く）	③顧客が解決したい課題
短髪技術（専門特化）	確実にスーツに似合う今流行りの短髪にしたい

⑦顧客への利得をもたらすもの（自社商品サービスの内容を書く・うれしいことを増やす）	④顧客の利得（課題解決したら得られるもの・うれしいこと）
提案力（ビジネス印象専門家の研修スタッフ）	営業時ビジネスにおける業績UP→容姿から

⑧顧客への悩みを取り除くもの（自社商品サービスの内容を書く・嫌なことを減らす）	⑤顧客の悩み（課題解決するにあたっての悩み・嫌なこと）
他の悩み事も一緒に解決（脱毛、爪、フェイシャルエステ、マッサージ疲れ）	髪を切りに行くのが面倒 いつも同じ髪型

　以下では参考として、有名企業が顧客に提供する価値を明確にする事例を紹介します。

楽天
・オールインワンのオンラインショッピングモールで便利さを提供する
・ポイント還元プログラムなどの顧客サポートを提供することで、顧客ロイヤルティを高める

ニトリ

- ・シンプルで機能的な家具や生活用品を提供する
- ・広い品揃えと競争力のある価格を提供する
- ・低価格でありながら高品質であることを強みとし、地域に密着した展開を行うことで、消費者に信頼される

Tesla

- ・環境に配慮した電気自動車
- ・先進的なテクノロジーを搭載した自動運転機能
- ・優れた加速性能と静粛性

Amazon

- ・安価で迅速な配送
- ・商品の豊富さと充実した配送サービス
- ・レビューを含めた充実した商品情報とおすすめ機能
- ・便利な購入プロセスとオプション

●コンセプトの明確化を行う

　バリュープロポジション・キャンバスを作成するのはビジネスモデル・キャンバスの①顧客セグメントと②価値提案を明確にする目的がありました。

　ですがもう1つ、以下のツールを紹介します。次のテンプレートに穴埋めするだけで、あなたのビジネスモデルのコンセプトを明確にできます。

　私たちの
　○○（⑥製品サービス）は、
　○○（⑦顧客の利得をもたらすもの）することや、

○○（⑧顧客の悩みを取り除くもの）することにより、

○○（③顧客が解決したい課題、欲求）を成し遂げたい

○○（対象顧客）を助けます。

●顧客セグメントと価値提案の深掘りを行う

　続いて、ビジネスモデル・キャンバスの①顧客セグメントと②価値提案の最終的な深掘りをしていきます。

　まず、バリュープロポジション・キャンバスに記入した「①顧客への価値提供」「⑥製品サービス」「⑦顧客への利得をもたらすもの」「⑧顧客への悩みを取り除くもの」に記載されていて、ビジネスモデル・キャンバスの「②価値提案」に記載されていないものがあれば、追加や修正を加えていきます。

　バリュープロポジション・キャンバスを最新情報として、ビジネスモデル・キャンバスの②価値提案を書き換えるのです。

　次に、バリュープロポジション・キャンバスに記入した「②顧客セグメント」「③顧客が解決したい課題」「④顧客の利得」「⑤顧客の悩み」に記載されていて、ビジネスモデル・キャンバスの「①顧客セグメント」に記載されていなければ、追加や修正を加えていきます。

　バリュープロポジション・キャンバスを最新情報として、ビジネスモデル・キャンバスの①顧客セグメントを書き換えるのです。

●ビジネスモデル・キャンバスをアップデートさせる

　そのうえで、今度はビジネスモデル・キャンバスのアップデートを行っていきます。

　①顧客セグメントと②価値提案の深掘りは終わっているので、今度はそれに合わせて、ビジネスモデル・キャンバスの「③チャネル〜⑨

コスト構造」を再度考察します。そして、書き換える必要のある箇所が見つかれば修正をかけてください。

　通常は、①顧客セグメントと②価値提案が変更や追加があれば③〜⑨までも、新たなアイデアや気づきも生まれてくるはずです。

　全体を再構築するつもりで、ビジネスモデル・キャンバスをアップデートしていきましょう。

第 5 章

ビジネスモデル・キャンバスを作る【完成編】

内部環境＋外部環境でビジネスモデルを強固にする

　本章では、ビジネスモデル・キャンバスをさらにブラッシュアップする手順を伝えします。

　ここまでのビジネスモデル・キャンバスでは、あくまで「自社と顧客」というビジネスにおけるある意味で“内部環境”のことについて検討し、記述してきました。

　ですが、ビジネスの世界においては自社の商品・サービスの競合他社がいたり、日々刻々と変化する市場もまた存在します。

　顧客ニーズに目を向けて価値を提供することは非常に重要ですが、それに加えて「外部環境」にも目を向けて、反映させることがビジネスモデルを構築していくには必須と言えます。

　内部環境と外部環境——この２つを分析して明確にし、自社の強みや弱みを反映させていくことで、ビジネスモデル・キャンバスはさらに強固になるのです。

SWOT分析で外部環境を分析する

　競合他社や市場の変化といった外部環境を分析するために、私がおすすめする一番のフレームワークが「SWOT分析」です。

SWOT分析とは経営戦略、マーケティング戦略で使われている分析手法（フレームワーク）で、自社の外部環境と内部環境を次の４つで要素分析します。

・Strength（強み）
・Weakness（弱み）
・Opportunity（機会）
・Threat（脅威）

　ビジネスモデル・キャンバスにおいては、ビジネスモデルを以下の２つに区分して、可視化して分析します。

・内部環境＝自社の資産・ブランド力・価格・品質など
・外部環境＝競合・市場・トレンドなど自社を取り巻く外部の環境

　そして、自社がこれから伸ばす分野と、削減する分野・止める分野を検討して対策を立てていきます。
　次の図のようにSWOT分析の４つの要素「強み」「弱み」「機会」「脅威」をそれぞれ掛け合わせることで選択する戦略を明確にするやり方を「クロスSWOT分析」といいます。

クロスSWOT分析

		外部還境分析	
		機会（Opportunity） チャンス	脅威（Threat） 危険
内部環境分析	強み （Strength）	[強み×機会] 積極戦略 「積極的にチャレンジする」	[強み×脅威] 差別化戦略 「強みを活かして差別化戦略で脅威を避けること」
	弱み （Weakness）	[弱み×機会] 改善戦略 「弱みを克服して段階的にチャレンジする」	[弱み×脅威] 致命傷回避 「脅威を最小限にする撤退も考えること」

クロスSWOT分析のメリット

このようなクロスSWOT分析のシートを活用することで、次のようなメリットがあります。

・1枚のシート分析で、内部環境と外部環境の両面から分析できる
・プラス要因（チャンス）とマイナス要因（危機リスク）の両面を把握できる
・「積極的に実施するべき戦略」と「辞める、削減する戦略」が見えてくる

具体的に、SWOT分析の4つの要素と内部環境・外部環境を体系化すると、次のようになります。

・Strength：自社の強み【内部的環境】
　例：質・実績・唯一無二のもの・営業力・提案力など
・Weakness：自社の弱み【内部的環境】

例：認知度・人員不足・量産ができない・回転率など

・Opportunity：機会【外部環境】

例：健康への関心の高まり・男性の美意識の向上・SNSの普及など

・Threat：脅威【外部環境】

例：感染症・災害・少子高齢化・人口減少・所得減少など

例えば、飲食店で考えてみると、次のようになります。

図解 5 章- 2

	機会（O） ・自然食材への関心の高まり ・健康志向	脅威（T） ・感染症による外食の自粛 ・自然災害などによる食材価格の高騰			機会（O） ・自然食材への関心の高まり ・健康志向	脅威（T） ・感染症による外食の自粛 ・自然災害などによる食材価格の高騰
強み（S） ・こだわりの自然食材 ・非日常的な空間の演出	強み×機会	強み×脅威	→	強み（S） ・こだわりの自然食材 ・非日常的な空間の演出	強み×機会 ・自然素材の良さをSNSで発信してファンを増やす	強み×脅威 ・ここでしか味わえない自然食材を使用した料理をテイクアウトでも提供する
弱み（W） ・食材のコストが高い ・一度に大量の注文が受けられない	弱み×機会	弱み×脅威		弱み（W） ・食材のコストが高い ・一度に大量の注文が受けられない	弱み×機会 ・デジタル化を行い作業の効率を上げる	弱み×脅威 ・仕入先との強い関係を築く ・テイクアウトや通販事業を活用する

SWOT分析を実践してみよう

では実際に、あなたもSWOT分析を行っていきましょう。

次の図のとおりクロスSWOT分析の表をExcelやノートに作成します。

図解 5 章- 3

クロスSWOT分析

	機会 (O)	脅威 (T)
強み (S)	強み×機会	強み×脅威
弱み (W)	弱み×機会	弱み×脅威

手順1　思いつく限りの強みを列挙していく

　最初は、自社やあなた自身の強みをクロスSWOT分析表の「強み (S)」の欄に記入していきます。

　これは後ほど深堀りをしていきますので、この時点では自身で思っている強みを列挙するだけで構いません。

　例えば、自社の強みとして挙げられるのはヒト、モノ、カネ、情報などの経営リソース、これまでに培ってきた技術やノウハウなど、営業力が強い、生産能力・生産性が高い、組織化して効率化できていること、資金力があること、商品開発が強いこと、人脈提携先が豊富なこと、などがあります。

手順2　思いつく限りの弱みを列挙していく

　強みのリストアップができたら、次は表の「弱み (W)」の欄を記入していきます。

　こちらも後ほど深堀りをしていきますので、この時点では自身で思っている弱みを列挙するだけで構いません。

弱みとして書くのは、あなたがそのビジネスをやる上で「足を引っ張るもの」や「自身で感じている不安要素」です。

　もしくは「強み」のところで列挙したものの中で、弱いと感じるものがあればそれは弱みとして成立しますので、書き加えましょう。

競合他社のSWOT分析をしてみよう

　最初にじっくりと考えて、自社やあなた自身の強みと弱みを出し切った時点で、競合分析に移っていきます。競合他社を参照・比較しながら、自社の強みと弱みをさらに深掘りしていくのです。

手順1　インターネット検索で競合分析を行う

　競合他社の分析をするときに活用できるのがインターネットでの検索です。あなたにとっての現時点での「提供価値」である商品・サービス名をネット検索してみてください。

　すると、同様の商品サービスを提供している競合のホームページが表示されます。このホームページをひとつひとつ見ていくだけでも、充分な競合分析ができます。

　検索結果で出てきたら、上位ページから5ページ分は見てください。トータルで50社ぐらいのホームページを見ることになります。

手順2　自社と競合の「強み」の分析を行う

　競合他社のホームページを見る理由は、そこから自社の強みと弱みを深掘りしていくためです。

　競合他社のホームページを開くと、ほとんどの場合でファーストビューなどでは「その会社の強み」が記載されています。ファーストビューに、キャッチコピーがあるからです。

　ホームページを見て競合他社の強みが見えたら、次のことを行います。

①競合他社のホームページに強みとして記載されておらず、逆に自社が強みとして記載できそうなものがあれば、SWOT分析の「強み」の欄に追加する。

②競合他社のホームページに強みとして記載されているもので、SWOT分析の自社の「強み」の欄と重なっていて、競合が多いと感じられるものは二重線で削除する。

実際にこのように競合他社の強み分析をしていくと、次のような例を発見し、驚くことがあります。

・自社では強みと思っていて「他社も同じ強みを持っているだろう」と思っていたら、実は、競合他社は強みとして記載していなかった
⇒　この場合は、SWOT分析の強み欄に追加してください。立派な差別化になります。

・自身の強みと思って、SWOT分析の強み欄に記載したが、ほとんどの競合他社のホームページにも強みとして記載していた
⇒　この場合は、他社も同じことができていて自社の強みにはなりませんので、ビジネスモデル・キャンバスから二重線などで削除してください。

手順3　自社と競合の「弱み」の分析を行う

競合他社の分析の場合でも、強みの次は「弱み」を見ていきます。

ホームページ検索による競合分析で、自社が競合他社に負けている点（他社ができているのに、現時点で自分ではできていないこと）を洗い出し、SWOT分析の「弱み」の欄に記入します。

技術や手法、実績、人員、立地、便利さなど、何が弱みになるかは

さまざまですが、ホームページをつぶさに見て「自社にはできない」と思われることを記入して行ってください。

　ここまでで、クロスSWOT分析の強みと弱みの欄を完了することができました。

SWOT分析でチャンスとリスクを見つけよう

手順1　**思いつく限りのチャンスを列挙していく**

　強みと弱みがわかったら、次は「機会（O）」を見つけていきます。

　あなたの始めようとするビジネスに対して、次のような観点で考えていきます。

　・社会としての将来的ニーズ
　・消費者の行動変化
　・経済における変化
　・政策における変化

　これらのニーズや変化によって、どのような明るい未来やチャンスが巡ってくるかを考えて記入しましょう。

　他にも、キーワードとして「SDGs」「アフターコロナ」「高齢化市場」「デジタル化」「リモートワーク」などによって、自社にとってチャンスになりそうなものを検討します。

手順2　**思いつく限りの脅威を列挙していく**

　次は「脅威（T）」です。これはリスクと考えていいでしょう。

　機会と同じように、

　・社会としての将来的ニーズ

・消費者の行動変化

・経済における変化

・政策における変化

に加えて、

・法規制

・グローバル化による国家間の世界的な動き

・地政学的側面

などから、どのような脅威が出てきそうかを検討します。

他にも、キーワードとしては「同業者ライバルの登場」「大手企業の新規参入」「人件費の高騰」「労働環境の変化」「災害の発生（地震や台風)」「原材料の高騰」「デジタル人員の不足」「少子化による労働者不足」「規制の緩和（免許制度緩和)」なども挙げられます。

ここまで埋めることができれば、強みと弱みに加えて、機会と脅威の欄まで完成したことになります。

4つの要素を組み合わせて分析を行う

S・W・O・Tすべての要素を記入できたら、最後はそれぞれをかけ合わせて戦略方針を明らかにしていきましょう。

手順1 自社の強みとチャンスの掛け合わせを考える

表の真ん中部分の「強み×機会」の欄を記入していきます。ここが最も重要な項目です。

「強み（S)」と「機会（O)」に記載してある項目から「積極的戦

略」を「強み×機会」の欄に記載していきます。

　自社が最もこれから強化するべき項目であり、ライバルを突き放すことができる戦略の部分です。

図解 5 章-11

クロス SWOT 分析	機会（O）	脅威（T）
強み（S）	強み×機会	強み×脅威
弱み（W）	弱み×機会	弱み×脅威

手順2　自社の弱みとリスクの掛け合わせを考える

　次に表の右下の「弱み×脅威」の欄を考えていきます。

　これからビジネスを始める人たちは、大手企業とは異なり中小・零細企業にカテゴライズされます。大手に比べて経営資源がどうしても乏しくなってしまうため、やるべきことの選択と集中をしなければいけません。

　そのために、このビジネスを続けていて絶対的な致命傷を回避する方法を記入します。

「弱み（W）」と「脅威（T）」に記載してある項目から「致命傷の回避」を「弱み×脅威」の欄に記載していきます。その商品・サービス、顧客、地域から撤退して、その分を「機会」に移行していくような戦略で考えてください。

自社の弱みとチャンスの掛け合わせを考える

　続いて表の真ん中の下部「弱み×機会」を考えていきます。「弱み（W）」と「機会（O）」に記載してある項目から「チャンスを逃さない事項」を「弱み×機会」の欄に記入します。

　ただし、そこで得られるチャンスは現状、自社の弱みになっているため「弱みをどのように克服して、チャンスに変えていくのか」まで考えて記入します。

手順4 **自社の強みとリスクの掛け合わせを考える**

　最後に表の真ん中の右部の「強み×脅威」を考えていきます。「強み（S）」と「脅威（T）」に記載してある項目から「強みを使い、脅威を可能性にする事項」を「強み×脅威」の欄に記載していきます。

　仮に市場が縮小して厳しい状況であると判断するのであれば、強みを別の戦略で使い、個々では縮小するという戦略も考えられます。

　ここまでできたら、SWOT分析は完了です。あとは項目をビジネスモデル・キャンバスに反映させていきましょう。

SWOT分析をビジネスモデル・キャンバスに反映させる

　最後は、SWOT分析で明らかになったことをビジネスモデル・キャンバスに反映させていきます。これでビジネスモデル・キャンバスは完成です。

手順1 **優先順位の高い項目を選択する**

　SWOT分析のシートに戻ってもらって、中央4枠内に戦略が記載されていますので、その中から、優先順位が高いものを○で囲ってください。

　優先順位を付けるときは、次のことを基準にします。

・即効性が必要かどうか

・効果がすぐに表れるかどうか

　今すぐにやらないと効果がないと思われるものは、当然ですが優先順位が高くなります。さらに、実行したら効果が大きいものは、すぐに実行するべきです。

手順2　優先順位の高い項目をビジネスモデル・キャンバスに記入する

　優先順位が高いもので、○で囲った戦略が確認できたら、その戦略を実行するためにビジネスモデル・キャンバスの何を追加するか、あるいは削減するかを検討して、ビジネスモデル・キャンバスを更新していきます。

　例えば、SWOT分析に記載した優先順位の高い○をつけた戦略を実行する場合で「ノウハウがないため、内部では実行できない」とわかった場合には、ビジネスモデル・キャンバスの「⑧協力者」の欄に提携パートナーとしていく者を追加記載する、といった手順です。

　さらに、協力者に追加するということは、アウトソーシングしているために、その分コスト構造が変化します。ビジネスモデル・キャンバスの「⑨コスト構造」の欄に「外注費○○円」と更新が必要になります。

　こうして、SWOT分析を使って内部環境と外部環境の分析をし、戦略を立てた結果をビジネスモデル・キャンバスに反映させたことで、ビジネスモデル・キャンバスが完成しました。

　次からは、完成させたビジネスモデル・キャンバスをベースにしながら、事業計画書を完成させる手順を解説していきます。

第6章

ビジネスモデル・キャンバスで事業計画を完成させる

ビジネスモデル・キャンバスを使って事業計画書を作る

　ビジネスモデル・キャンバスを完成させたうえで、本章ではこれをもとにあなたの新規ビジネスの「事業計画」を作成していく手順について解説していきます。

　事業計画を考えるときに、必ず付随して発生する書類に「事業計画書」というものがあります。

　事業計画書とは事業内容や企業の戦略、収益見込みなどを第三者へ説明するための書類です。そして、事業計画書は事業の立ち上げや継続に必要な資金調達をするときにも必要になってきます。

　ただ、"事業計画書のフォーマット"というものは存在しません。

　コンビニや文房具店で売っているような履歴書のように、どこに何を書けばいいか、項目と空欄があって、それを埋めていけば事業計画書が完成するような類のものではないのです。

　むしろ、フォーマットがないからこそ、第1章で説明したように、ビジネスモデル・キャンバスそのものが第三者への資料＝事業計画書の役割を果たしてくれたりもします。

　本章では、ここまでで作成したビジネスモデル・キャンバスや、それに付随して作成した資料を参考にしながら、次のものを完成に導い

ていきます。

・ビジネスモデル・キャンバス
・行動計画書
・収支計画書
・投下資金と資金調達計画書

　これら４つの資料を揃えることで、あなたの新規ビジネスの「事業計画書」ができ上がるのだと思ってください。

図解６章-1

【事業計画書の全体図】

- ビジネスモデルキャンバス -　　　　　　　- 収支計画書 -

⑧KP キー・パートナー	⑦KA 主たる活動	②VP 価値提案	④CR 顧客との関係	①CS 顧客セグメント
	⑥KR 主たるリソース		③CH チャネル	
⑨CS コスト構造			⑤RS 収入の流れ	

- 行動計画書 -　　　　　　　- 投下資金と資金調達計画書 -

行動計画書を作成する

　ビジネスモデル・キャンバスを使った行動計画を完成させる第一段階として、まずは「行動計画書」を作成していきましょう。
　行動計画書とは、事業を予測通りに推進するために、具体的に「いつ」「誰が」「何を」したらいいのかを書き出したものです。

Excelやノートに次のような表を作成しておくといいでしょう。

図解6章-2

項目	詳細	担当	備考	4月①	4月②	4月③	4月④	5月①	5月②	5月③	5月④	6月①	6月②	6月③	6月④	7月①	7月②	7月③	7月④
店頭取得	立地調査	田中			4/7								6/7						
	不動産会社選定	田中										6/1							
	書類準備	田中												6/20					
	契約締結	田中													6/30				
資金調達	事業計画書作成	田中					4/20												
	金融機関提出	田中							5/1		5/31								
	締結後の書類作成	田中										6/5							
ホームページ制作	ホームページ制作会社選定	舟木								5/22	5/31								
	制作発注	永島										6/1							7/30
	写真撮影	舟木													6/30				
	完成	永島																	7/30

手順1 **やるべきタスクと担当者を決定する**

　ここで再び登場するのが、ビジネスモデル・キャンバスの「⑦主な活動」を記入するときに作成した「活動シート」です。

⑦ 活動 リストアップ

活　動	
店舗取得（物体調査）	
機器・備品取得（購入　見積）	
資金調達（銀行・補助金）	
SNS（インスタ）運用	
HP制作	
仕入先	
研修	
マニュアル更新	

　ここに記載した、具体的な活動内容を行動計画書の「業務内容」の項目のところに落とし込みます。

　次に、行動計画書に落としこみした活動を、今度は「行動計画ベース」に細分化した上で、それぞれに該当する「業務内容」の詳細に記載していきます。

　例えば、新規ビジネスのための店舗取得が必要な場合、その細分化された業務として立地の調査、不動産会社の選定、必要書類の準備、契約の締結などが挙げられます。

　その場合、行動計画書の業務内容の左側には「店舗取得」と、右側には「立地調査」などと書き加えていくのです。

　そうやってひとつひとつの活動について項目の転記と詳細を記入することができたら、次に「担当」の欄に実際にその業務を行う担当者の名前を記入していきます。

　行動する際にその担当者の業務への勤務歴や、経験年数、役職などを考慮して決定してください。

次は実際の行動と実績を記入します。

予定も書き込むことで行動予定表としても実績管理表としても使える優れた行動計画表になります。

収支計画書を作成する

続いて、収支計画書を作成していきましょう。

収支計画書は、あなたが始めようとしている新規ビジネスの「収入」と「支出」を表にまとめたものです。

ビジネスを始める際には利益を出さなくては意味がありませんし、継続していくこともできません。

では、その場合にいくらを目標利益としますか？

そして、現実に収支計画を立てることによって、現実のビジネスで利益を出すためには、どれだけのコストがかかり、どれだけの売上を上げなければいけないか、いくらで商品・サービスの単価設定をしなければいけないか、といったことが見えてくるようになります。

これもExcelやノートを使って次のような表を作成しましょう。予算の部分を空欄にして、勘定科目についてはこのままコピーして使ってもらって構いません。

図解6章-4

収支計画表：月額

勘　定　科　目	予算
売　　上　　高	2,000,000
売上高（年会費）	100,000
（　売　上　高　）	2,100,000
仕　　入　　高	200,000
売　上　原　価　合　計	200,000
売　上　総　利　益	1,900,000
給　与　手　当	450,000
（　人　件　費　）	450,000
外　　注　　費	300,000
地　代　家　賃	200,000
水　道　光　熱　費	40,000
通　　信　　費	30,000
広　告　宣　伝　費	250,000
消　耗　品　費	50,000
支　払　手　数　料	50,000
そ　の　他　経　費	30,000
減　価　償　却　費	0
（　一　般　管　理　費　）	950,000
（販売費及び一般管理費）	1,400,000
［　営　業　利　益　］	500,000
受　取　利　息	0
雑　　収　　入	
（　営　業　外　収　益　）	0
支　払　利　息	
（　営　業　外　費　用　）	0
［　経　常　利　益　］	500,000

手順1　必要な利益を決定する

　収支計画書を作成する場合、最初に決めるのは「利益」です。

　あなたが新規ビジネスで「出したい」と考えている利益の具体的な金額を「経常利益」の欄に記入してください。

　例えば「月50万円、年間600万円の経常利益を出したい」と考えているなら「500,000」と記入します。

手順2　必要な固定費と変動費を決定する

　次に、コスト面を見ていきます。ビジネスモデル・キャンバスの「⑨コスト構造」を作成する際に作成した「コスト構造シート」の中の固定費と変動費を、それぞれ収支計画表に埋めていきます。

図解６章-5

⑨　コスト　　　リストアップシート

設備	店舗（敷金）	200,000円×6ヵ月分＝1,200,000円	
	店舗（取得費・礼金・仲介など）	200,000×3ヵ月分＝600,000円	
	（小計）	1,800,000円	①
	内装工事	5,000,000円	②
	備品	2,000,000円	③
	設備費合計（①＋②＋③）	8,800,000円	

変動費		売上　　原価率	
	材料等　仕入	2,000,000円×10％＝200,000円	

固定費	（人件費）		
	給与（スタイリスト）社員	1人×250,000円＝250,000	
	（アシスタント）社員	1人×200,000円＝200,000	
	業務委託	1人×300,000円＝300,000	
	（小計）	750,000円	①
	家賃	200,000円	
	水道光熱費	40,000円	
	通信費	30,000円	
	広告宣伝費	250,000円	
	消耗品費	50,000円	
	支払手数料	50,000円	
	その他	30,000円	
	（小計）	650,000円	②
	固定費合計（①＋②）	1,400,000円	

　ここまでで「経常利益」「固定費」「変動費」が明らかになりました。これを合計することで「必要な売上高」を算出できます。

《計算式》
　経常利益＋固定費＋変動費＝売上高

手順3　具体的な販売計画を作成する

　全体的な必要な売上高が算出されたら、具体的な販売計画を作成していきます。

　ここでは、仮に必要な売上高を210万円とします。売上高合計を2,100,000円にするためには、どのような商品を誰にいくら販売する

のか販売計画を立てていきましょう。

今回は商品サービス別に作りましたが、BtoBの場合は取引別販売計画が有効です。

図解6章-6

商品別販売計画

順位		金額
1	カット売上	2,000,000
2	会費売上	100,000
3		
4		
5		
6		
7		
8		
9		
10		
合計		2,100,000

手順4 **ビジネスモデル・キャンバスをチェックバックする**

収支計画書にて数値計画を立ててみたら、再度、ビジネスモデル・キャンバスの見直しを行ってください。

本当にこの利益を上げるために、これだけの売上が上げられるビジネスモデルなのか、どこか課題がないかをチェックバックし、修正箇所があれば更新してください。

資金計画を作成する

次に、「資金計画」を作成していきます。このビジネスを始めるために必要な資金（お金の使い道）と、そのための資金調達の方法を計画します。

図解6章-7

投下資金と資金調達計画（資金運用計画表）

（単位：円）

設備資金				自己資本	31.8%		
店舗保証金	@	200,000×6ヵ月＝	1,200,000	手元資金			4,200,000
仲介手数料等	@	200,000×3ヵ月＝	600,000				
				借入金	68.2%		
内装工事			5,000,000				
備品			2,000,000	金融機関からの借入金		金融機関	9,000,000
				その他からの借入金			0
			8,800,000				
運転資金							
		＊（月額固定費：人件費、家賃、水道、その他 経費合計）					
経費支払※	@	1,400,000×3ヵ月＝	4,200,000				
商品仕入	@	200,000×1ヵ月＝	200,000				
			4,400,000				9,000,000
合計			13,200,000	合計			13,200,000

　図解の資金運用計画表の左側には必要な資金（設備資金、運転資金）を記載し、資金運用計画表の右側には資金調達方法（自己資金、借入金など）を記載します。

手順1　設備資金を決定する

　ここで再び「コスト構造シート」の出番です。

　まずは、コスト構造シートの「設備」の欄に記載してある項目と金額を、資金運用計画表の左上「設備資金」に転記します。

図解6章-8（再掲）

⑨　コスト　　リストアップシート

設備	店舗（敷金）	200,000円×6ヵ月分＝1,200,000円	→ 設備資金欄に転記
	店舗（取得費・礼金・仲介など）200,000×3ヵ月分＝600,000円		→ 設備資金欄に転記
	（小計）	1,800,000円 ①	
	内装工事	5,000,000円 ②	→ 設備資金欄に転記
	備品	2,000,000円 ③	→ 設備資金欄に転記
	設備費合計（①＋②＋③）	8,800,000円	
変動費		売上　　原価率	
	材料等　仕入	2,000,000円×10％＝200,000円	
固定費	（人件費）		
	給与（スタイリスト）社員	1人×250,000円＝250,000	
	（アシスタント）社員	1人×200,000円＝200,000	
	業務委託	1人×300,000円＝300,000	
	（小計）	750,000円 ①	
	家賃	200,000円	
	水道光熱費	40,000円	
	通信費	30,000円	
	広告宣伝費	250,000円	
	消耗品費	50,000円	
	支払手数料	50,000円	
	その他	30,000円	
	（小計）	650,000円 ②	
	固定費合計（①＋②）	1,400,000円	

手順2　運転資金を決定する

　次に、資金運用計画表の「運転資金」の欄を埋めていきます。

　基本は2点を転記します。

　1つめの転記元は、収支計画表の「変動費（売上原価）」の欄の数字を、1ヶ月分の金額に割り戻して転記します。

　1ヶ月で書く理由は、それが一般的な数字だからです。

　本来は、実態に合わせて何ヶ月分かを記載するべきですが、これは仕入れ先の支払いサイトによって変更してください。

　2つ目の転記元は、収支計画表の「固定費（販売費及び一般管理

費)」の欄を、今度は3ヶ月分の金額を転記します。3カ月で書く理由は、それが一般的な数字だからです。

　本来は、実態に合わせて何か月分かを記載するべきですが、一般的には最低3ヶ月は必要で、長ければ長いほど（例えば12ヶ月）資金的に安定した経営ができます。

図解6章-9（再掲）

収支計画表

勘　定　科　目	予算
売　　　上　　　高	2,000,000
売　上　高（年会費）	100,000
（　売　上　高　）	2,100,000
仕　　　入　　　高	200,000
売　上　原　価　合　計	200,000
売　上　総　利　益	1,900,000
給　　与　　手　　当	450,000
（　人　件　費　）	450,000
外　　　注　　　費	300,000
地　　代　　家　　賃	200,000
水　道　光　熱　費	40,000
通　　　信　　　費	30,000
広　告　宣　伝　費	250,000
消　　耗　　品　　費	50,000
支　払　手　数　料	50,000
そ　の　他　経　費	30,000
減　価　償　却　費	0
（　一　般　管　理　費　）	950,000
（販売費及び一般管理費）	1,400,000
［　営　業　利　益　］	500,000
受　取　利　息	0
雑　　　収　　　入	
（　営　業　外　収　益　）	0
支　払　利　息	
（　営　業　外　費　用　）	0
［　経　常　利　益　］	500,000

仕入高 → 運転資金の欄に転記

（販売費及び一般管理費） → 運転資金の欄に転記

手順3　ビジネスモデル・キャンバスをチェックバックする

　ここまで書けたら、再びビジネスモデル・キャンバスに戻ってチェックバックです。

　この利益を上げるために本当にこれだけの設備・運転資金が必要なのか、資金調達が可能なのか、どこか課題がないかを検討し、修正箇所があれば更新してください。

新規ビジネスで成功するためには、資金について次のような考え方があります。

【設備資金について】
　・店舗物件取得は交渉して、物件取得費を極力抑えること
　・仲介手数料、礼金、保証金は10ヶ月分を6ヵ月分にするなど、節約の交渉ができないか検討すること
　・新規に内装にお金をかけなければいけないスケルトン物件より、居抜き物件を探して内装費をできるだけ抑えること
　・機材備品などは新品ではなく、中古品にするなどして費用を抑えること

　特に創業の場合は、新品で揃えたい、自分仕様にしたい、オリジナルにしたいという欲求が出てくることがあります。また、見栄を張ったり、立派にしないとお客様に喜んでもらえない、と考えてしまいがちです。
　ですが、設備資金はできるだけ抑える工夫が必要です。設備資金を抑えることで、必要な利益（損益分岐点比率）が低くなるので、失敗する確率も少なくできるからです。

【自己資金について】
　・自己資金は、開業資金（設備資金＋運転資金）の3分の1以上は自前で用意しておく
　・3分の1以上用意ができない場合は借入に頼ることになるが、銀行から借入することは困難である

　金融機関でなくとも、新規ビジネスを始める人の味方でもある日本政策金融公庫でも、創業の借入金の申し込み条件に「自己資金10分

の１以上が必要」とあり、自己資金を重視していることがわかります。

　ただ、最低条件が10分の１以上であって、開業資金が高額の場合は３分の１以上用意ができていないと審査が通らないことがほとんどです。

　自己資金が３分の１以上ない場合は、再度投資計画の見直しが必要と言えるでしょう。

投資と回収計画を作成する

　最後に、投資とその投資した者への回収計画を作成していきますが、このときに知っておいてもらいたい考え方があります。

　それが「ROI」です。ROIは「Return On Investment（投資利益率）」の略で、投資額に対してどれだけ利益を生み出しているかを見る尺度です。新たに事業を始めるときは、必ずこのROIによって「何年で投資した金額を回収できるか」を検証してください。

　この数値が高ければ高いほうが「良い＝うまく投資ができている」という証拠です。

　また、ROIでの比較をすることで、事業規模が異なったとしても、この事業投資は「良い事業投資だった」「悪い事業投資だった」と比較することもできます。

　具体的にROIと回収期間を算出するのは次の式で行います。

《計算式》
　①利益（※）÷投資金額×100＝ROI（％）
　※利益は税引後当期純利益を使うと実態に近いROIが算出できます。
　②100％÷ROI＝回収期間（年）

手順1 **投資利益率を算出する**

では実際に、あなたの新規ビジネスのROIを算出していきましょう。

下記の計算式に、すでに作成済みの収支計画表の「経常利益」の年間分と、すでに作成済みの資金運用計画表の「設備資金」の合計金額を代入してみます。

ここでは、収支計画表の経常利益50万円×12ヶ月＝600万円を使います。資金運用計画表の投下資本の設備投資合計は880万円とします。

《計算式》

利益÷投資金額×100＝ROI（％）

↓

6,000,000÷8,800,000×100＝68.1％

この計算によると、1年で68.1％の回収ができたということになります。

図解6章-10（再掲）

投下資金と資金調達計画（資金運用計画表）

（単位：円）

設備資金				自己資本	31.8%	
店舗保証金	@ 200,000×6ヵ月＝		1,200,000	手元資金		4,200,000
仲介手数料等	@ 200,000×3ヵ月＝		600,000			
				借入金	68.2%	
内装工事			5,000,000			
備品			2,000,000	金融機関からの借入金	金融機関	9,000,000
				その他からの借入金		0
			8,800,000			
運転資金						
	*（月額固定費：人件費、家賃、水道、その他経費合計）					
経費支払※	@ 200,000×3ヵ月＝		4,200,000			
商品仕入	@ 200,000×1ヵ月＝		200,000			
			4,400,000			9,000,000
合計			13,200,000	合計		13,200,000

収支計画表：月額

勘　定　科　目	予算
売　　　上　　　高	2,000,000
売 上 高 （ 年 会 費 ）	100,000
（　売　　上　　高　）	2,100,000
仕　　　入　　　高	200,000
売 上 原 価 合 計	200,000
売 上 総 利 益	1,900,000
給 与 手 当	450,000
（ 人 件 費 ）	450,000
外　　　注　　　費	300,000
地 代 家 賃	200,000
水 道 光 熱 費	40,000
通 信 費	30,000
広 告 宣 伝 費	250,000
消 耗 品 費	50,000
支 払 手 数 料	50,000
そ の 他 経 費	30,000
減 価 償 却 費	0
（ 一 般 管 理 費 ）	950,000
（販売費及び一般管理費）	1,400,000
［ 営 業 利 益 ］	500,000
受 取 利 息	0
雑 収 入	
（ 営 業 外 収 益 ）	0
支 払 利 息	
（ 営 業 外 費 用 ）	0
［ 経 常 利 益 ］	500,000

手順2　回収年数を算出する

　次に、実際に回収するまでどれくらいの年数がかかるかも計算しましょう。

　投資金額100％を、手順1で算出したROIで割ります。

　すると、回収年数が計算されます。

《計算式》

　投資金額の100％÷ROI（％）＝回収期間（年）

　↓

　100％÷68.1％＝1.4年

　つまり、1.4年で初期投資金額のすべてを回収できることがわか

りました。

　ここまででROIと投資回収年数が算出できたら、下記の目安をもとに「回収期間チェック表」と不等式で、あなたの新規ビジネスの投資と回収の状況をチェックします。

図解6章-9

【目安1：回収期間チェック表】

一般的な投資回収期間の目安チェック表	
目安：5年以下であること	
期　間	対　策
3年以下	理想的な回収期間
5年以下	無理のない範囲内・許容範囲内
9年以下	注意！　投資金額の見直しをしましょう
10年以上	危険！　このビジネス自体を見直ししましょう

　経済情勢が目まぐるしく変化する中では、投資回収に5年は「長い」という判断ができます。

　5年後、そのお店は繁盛しているでしょうか？設備も更新する必要が出てきていないでしょうか？回収していないのに、また設備投資をするのは危険です。

　投資には、早期に回収する計画が必要です。時代は常に変化していますので、変化についていけなければ倒産確率は高まります。

　逆に回収期間が短いと、変化のリスクを抑えることができます。

【目安2：不等式】
　投資回収期間＜借入金返済期間

新規事業で借入予定の場合は、借入返済期間よりも投資回収期間が短いことが重要です。逆に、借入返済期間より投資回収期間が長いとリスクが高いことを示しています。

　例えば、1,000万円を借りてそれを5年で返すとします。それにもかかわらず投資回収期間が10年だったら、回収が終わる前に借入を返済しきらなければいけなくなり、当然ですが経営状態を圧迫します。

　返済期間は、長ければ長いほど資金繰りのリスクを抑えられます。

　金融機関との交渉により、できるだけ長く設定するようにしましょう（返済期間は最長期間を設定する）。

「借金はないほうが良い」と考える人ほど、返済期間を短く設定しがち＝早く無借金状態になりたいと考えてしまいがちですので、注意が必要です。

　成功するためには、

　・開業費をできるだけ抑える

　・経常利益をできるだけ残す＝売上最大化、経費最小化

　を考えていきましょう。

　当たり前の話ですが、投資をできるだけ抑えて、利益を最大化させればROIは高くなります。

　ここまでで、

　・ビジネスモデル・キャンバスのチェックバック

　・行動計画書

　・収支計画書

　・投下資金と資金調達計画書

　を終えることができました。

　最初は「目星」のレベルだったあなたの新規ビジネスが、ビジネス

モデル・キャンバスの作成によってビジネスモデル化（可視化）され、数度のブラッシュアップを経て完成した段階で「事業計画書」に変換されました。

　もちろん、これでビジネスが完璧にうまくいくとは限りません。

　ですが、少なくとも船出するための船と船員と羅針盤と地図と海図と食料などの諸々の積み荷は用意できたことになります。

　あとは、あなたがそのビジネスをスタートさせるだけです。戦略的起業家のようやくスタートラインに立つことができたわけですから、ここからはビジネスという大海原へ冒険に出るような気持ちで、勇気を持って一歩を踏み出してみてください。

　大丈夫、すでにあなたは「ビジネスモデルを構築する」という大きな第一歩を踏み出しています。

　そのときと同じ気持ちで、次の一歩を進めていきましょう！

第**7**章

お金のコントロール

　新規事業で失敗しないためには、強固なビジネスモデルと同時にお金をコントロールすることが大変重要です。

　強固なビジネスモデルを構築したとしても、お金のコントロールができていないと、あっという間に新規事業が失敗の道に進んでしまいます。

　会社は絶えず、資金を調達し、投資・運用・利益を上げることを繰り返しています。これこそがお金をコントロールすることであり、一般的に「財務」といいます。

図解7章-1

【お金をコントロールする＝財務とは】

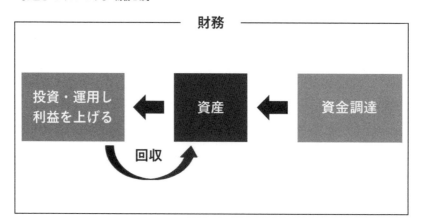

お金をコントロールする上で、経営者がやるべきことは具体的に

・資金を調達すること

・資金を管理すること

の2つです。これがしっかりとできていれば、あなたのその新事業は成功に向かっていきます。

　本章では、お金をコントロールするために経営者がやるべきことについて、詳しく解説していきます。

資金の調達

　お金をコントロールする上でまず経営者がやるべきことは資金調達です。

　新規事業をスタートするにあたって、資金は多ければ多いほど良く、資金さえあればちょっとした不景気は乗り越えられます。

　とは言え、むやみやたらにお金をかき集めるのではなく、きっちりと計画を立てて行動しなければ、新規事業はもとより、資金調達に失敗してしまう可能性があります。

　まず、資金調達をする前に、新規事業には「何に」「いくら」お金が必要なのかを明確にしていきましょう。

　そこで、新規事業での「必要な資金とその調達方法」を明確にするための表を作っていきましょう。

図解 7 章-2　必要な資金とその調達方法

	必要な資金	金額	調達の方法	金額
設備資金	店舗・機械・車等	万円	自己資金	万円
運転資金	商品仕入・経費等	万円	その他借入金等 日本政策金融公庫の融資 銀行の融資 補助金 クラウドファンディング その他	万円
合計		万円		万円

　左側は、新規事業のために必要となる設備資金や運転資金を記入する欄です。右側は、新規事業のために必要な設備や運転資金をどのように調達するのかを記入していく欄です。

手順1　設備資金の欄を記載する

　左側の設備資金の欄に、新規事業のために必要なものを書き込んでいってください。
　具体的には、店舗や事務所の物件取得するための資金として、敷金や礼金、内装工事費、機械装置、備品、車両、ソフトフェアなどです。金額が1つあたり30万円以上のものを記載していくと良いでしょう。

手順2　運転資金の欄を記載する

　表の左側の運転資金の欄には、初月分の仕入金額と、固定費3カ月分を見積もって記入すると良いでしょう。
　最後に、左側の設備資金と運転資金の全体の合計金額を算出します。これが、新規事業のスタートのために必要な資金です。

次にその資金をどのような方法で調達していくかを検討します。

手順3 **自己資金の欄を記載する**

右側の自己資金の欄に、手元にある現金預金の中から新規事業に使える金額を記載していきます。必要な資金のうちこの自己資金だけで3分の1以上用意ができると、適正な調達金額のバランスが良く新規事業で失敗しにくくなります。

手順4 **その他借入金等の欄を記載する**

自己資金で不足する資金は借入金などで調達しなければなりません。
「（必要な資金：設備資金＋運転資金）－自己資金＝借入金等」

そこで、資金の調達にはどのような方法があるのかを紹介していきます。

【具体的な資金調達の方法】

資金調達の具体的な方法には、主に次の6つの方法があります。

（1）日本政策金融公庫の融資
（2）銀行の融資（保証協会付き融資）
（3）補助金
（4）クラウドファンディング
（5）その他（VC・エンジェル投資家）
（6）番外編　おすすめしない資金調達方法

それぞれ、概要、資金調達の難易度、資金調達までの流れについて解説していきます。
※難易度については「1つ星★～5つ星★★★★★」で表していま

す。星★の数が多いほど、難易度の高い資金調達方法です。難易度が低い方法からチャレンジすることをおすすめします。

（1）日本政策金融公庫の融資　難易度★★★

　日本政策金融公庫からの融資は、創業間もない事業者や中小企業にとって最もメジャーな資金調達の方法です。

　日本政策金融公庫とは、日本政府が100％出資している政策金融機関であり、中小企業や個人事業主にも融資に積極的な姿勢で接してくれます。また、無担保・無保証人で融資を受けられる制度もあり、事業者にとって多くのメリットがあります。

　銀行融資を検討する場合は、まず日本政策金融公庫に申込をすることをおすすめします。

　しかし、融資を受けるためにはしっかりとした事業計画書の作成や面談、厳しい審査をクリアしなければなりません。

日本政策金融公庫の金利

　日本政策金融公庫の金利は制度と担保の有無によって変動します。制度・担保の他にも、資金使途や返済期間などによっても変動します。

　代表的な融資制度の金利は次の通りです。

図解7章-3　日本政策金融公庫金利一覧（令和5年4月現在）

日本政策金融公庫の融資制度	担保有の場合の利率	担保無の場合の利率
①新創業融資	原則不要	2.23～3.20%
②一般貸付（生活衛生貸付）	0.98～2.55%	1.93～2.90%
③新規開業資金 －女性、若者/シニア起業家支援資金－	0.58%～2.15%	1.53%～2.50%
④新規開業資金 －再挑戦支援資金－	0.98～2.55%	1.93～2.90%
⑤新規開業資金 －中小企業経営力強化資金－	0.58%～2.15%	1.53%～2.50%

担保を付けた方が金利は低くなりますし、融資額は大きくなります。

日本政策金融公庫の融資は無担保・無保証人で融資を受けることのできる、他の金融機関にはないメリットがあります。ただ、金利を下げるためだけに担保を付けるのはおすすめしません。

最新の金利は日本政策金融公庫のHP、または最寄りの支店に問い合わせるようにしましょう。

日本政策金融公庫から融資の申込をするための６つの事前条件

日本政策金融公庫に融資の申し込みをするには、次の６つの事前条件をクリアしなければなりません。

まずは自分が融資の申込ができるか否か、次の項目を事前に確認しておきましょう。１つでも、問題があると審査に進むことができなくなってしまいます。

① 過去にクレジット事故がない
② 水道光熱費、家賃等の支払いを毎月滞りなく行っている
③ 税金を滞納なく支払っている
④ 過去５年間に自己破産等、債務整理は行っていない
⑤ 消費者金融やクレジットローンでの多数借入がない
⑥ 自己資金があり、不透明ではない

詳しく説明していきます。

① 過去にクレジット事故がない　重要度☆☆☆☆

直近５年～７年の間にクレジットの支払い遅延や踏み倒しなどを起こしている場合は、融資を受けられる可能性が低くなります。

　一度や二度の支払い遅延で、すぐに支払いしている場合は、問題にならないケースが多いですが、踏み倒しなど完全に事故として記録が残っている場合は、融資を受けられる可能性は低いです。

　少しでも心配な方は、CIC（割賦販売法・貸金業法指定信用情報機関）という、個人の信用情報を管理している機関で、ご自身の信用情報を確認することをおすすめします。ネットや郵送で情報開示の申込ができます。CICで請求した「信用情報開示報告書」の入金状況の「A」の表示があった場合、融資を受けられる可能性が低くなってしまいます。

　「A」のマークは、約束の日に入金がなかったことを意味するマークです。「A」のマークが2つ以上並んでしまっている場合は、融資を受けられないでしょう。

②　水道光熱費・家賃・携帯代の支払いを毎月滞りなく行っている
　　重要度☆☆☆

　支払い期日等を守れていない人は、融資を受けられる可能性が低くなります。融資をした際の返済も、同じように遅れるのではと思われてしまいます。

　特に融資を申込する前の4ヵ月は注意しておきたいです。

ワンポイントアドバイス

　もし、うっかり期日を過ぎてしまっていたという場合も、すぐに支払いを行っており、遅れてしまった理由を説明することができれば、融資の審査には影響に問題ないことがほとんどです。

　おすすめの支払い方法は、口座振替やクレジットカード決済です。「うっかり支払い期限が過ぎてしまっていた」なんてことを防ぐことができます。

③　税金を滞納なく支払っている　重要度☆☆☆☆☆

　税金の未納、滞納がある場合は融資を受けられません。融資を申し込む前に、未納、滞納分はしっかり支払っておきましょう。

ワンポイントアドバイス

　税金はあらゆる債務に優先して支払わなければならないものです。税金の未納、滞納がある状態では、融資は受けられません。

　仮に未納があった場合でも、融資の申込前までに支払いさえ済ませてしまっていれば、絶対ではないですが問題になるケースは少ないです。

④　過去5年間に自己破産等、債務整理を行っていない
　　重要度☆☆☆☆☆

　自己破産や債務整理を行っていると、お金を貸しても返せない人と見なされてしまいます。

ワンポイントアドバイス

　自己破産をした後でも、融資を受けることは可能です。ただし、5年～10年間は信用情報に自己破産の記録が残っており、借入は現実的に難しいです。

　日本政策金融公庫には「再挑戦支援制度」という、自己破産歴や廃業歴のある方の再挑戦をサポートする融資制度があります。しかし、「廃業の理由や事業がやむを得ないものであった」「廃業時の負債が新たな事業に影響を与えない程度整理されている見込がある」などの条件を全て満たす必要があるため、実際のところ利用できる人は少ないのが現実です。

⑤　消費者金融やクレジットローンでの多数借入がない

　　重要度☆

　消費者金融やクレジットローンからの借入があるからと言って融資が完全に受けられないという事ではありませんが、評価は下がってしまいます。

　金融機関は審査時に信用情報の問合せを行い、全てお見通しです。

　嘘をつくと印象が悪くなりますので、正直に伝えましょう。

ワンポイントアドバイス

　カードローン、クレジットカードのキャッシング、リボ払いなどの借入残高がある場合は、注意が必要です。可能な限り、融資の申込前までに完済することをおすすめします。やむを得ない事情（事業をスタートさせるための資金で使った・子供の教育費の支払いなど）で完済が難しい場合は、利用の用途を答えられるようにしてください。「生活費の足しにした」「趣味のために使った」などと答えると、お金を計画的に使えない人なんだと評価が下がってしまいます。

　一方、住宅ローンや車のローンのみの場合は、あまり問題になることはありません。

⑥　自己資金があり・自己資金が不透明ではない

　　重要度☆☆☆☆☆

　創業融資を申し込む場合には自己資金要件があります。2023年5月時点では10分の1です。

ワンポイントアドバイス

　自己資金要件の10分の1のお金は、他人からの急な一括の振り込みや、会社設立後に資本金がすぐに引き出されているなどの、見せ金ではいけません。

また、タンス預金も資金の流れを証明できないため、自己資金としてみなしてもらえない可能性が高いです。

日本政策金融公庫の融資の流れ

　日本政策金融公庫での融資の流れは、以下のように進んでいきます。
融資申込から融資の実行まで1ヵ月程度かかります。

図解7章-4　日本政策金融金庫での融資の流れ

約一カ月

1.事前相談

2.借入申込書・創業計画書の作成

3.申込（郵送）

4.公庫面談・審査

5.融資決定

6.契約書の送付

7.融資実行

①事前相談（最寄りの支店へ事前に電話）

　日本政策金融公庫の管轄の支店窓口へ、電話で申し込みをします。
法人で創業する場合は本店所在地、個人事業の場合は創業予定地の近くの日本政策金融公庫の支店になります。

②借入申込書・創業計画書の作成（自宅で作成）

　一般的な作成書類と添付書類は下記のとおりです。

- 借入申込書
- 創業計画書/企業概要書/設備投資計画書（※状況に応じて異なる）
- 直近２期分の確定申告書・決算書（既に事業をしている場合）
- 試算表（既に事業をしている場合）
- 勤務時代の給与所得の源泉徴収票（これから創業する場合）
- 通帳コピー（法人用・個人用共に）
- 設備資金がある場合は見積書コピー
- 登記簿謄本・定款（法人の場合）
- 店舗や事業所の不動産賃貸借契約書コピー
- 営業について許認可が必要な業種は、許認可証コピー
- 水道光熱費などの公共料金支払領収書（口座振替の場合は、通帳で確認）
- 代表者の本人確認書類（運転免許証など）

※借入申込書や創業計画書/企業概要書/設備投資計画書は日本政策金融公庫のHPよりダウンロードできます。

図解 7 章- 5　借入申込書　見本

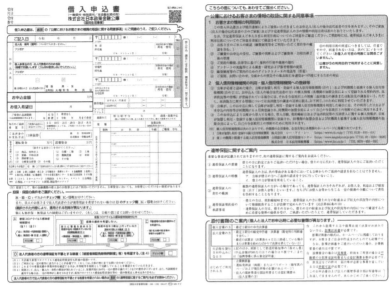

日本政策金融公庫
「国民生活事業各種書式ダウンロード　借入申込書（国民生活事業）」https://www.jfc.go.jp/n/service/pdf/mousikomi190701_dl.pdf（参照 令和 5 年 4 月 12 日）

図解 7 章- 6　創業計画書　見本

日本政策金融公庫
「国民生活事業　各種書式ダウンロード　創業計画書」https://www.jfc.go.jp/n/service/pdf/kaigyou00_220401b.pdf（参照 令和 5 年 4 月 12 日）

図解7章-7　企業概要書　見本

日本政策金融公庫

「国民生活事業　各種書式ダウンロード　企業概要書」https://www.jfc.go.jp/n/service/pdf/kigyou_gaiyousyo190507m.pdf〔参照 令和5年4月12日〕

図解7章-8　設備投資計画書　見本

③申込（郵送）

　上記②で作成した書類を、事前相談をした最寄の日本政策金融公庫の支店へ郵送で提出します。

④公庫面談・審査

　通帳の原本や顔写真付きの身分証明書、事業計画を説明する資料を持参してください。

　面談時間は1時間程度です。面談では、基本的には提出した計画書の中身について質問されます。的確に答えられるように準備しておきましょう。

　その後現地調査として店舗や工場、事業所の訪問があります。

⑤融資決定（電話連絡）

　審査結果は、電話で連絡があります。面談後3週間くらいかかります。

⑥契約書の送付

　融資決定後に借用証書など契約書類などが郵送で送られてきます。

　融資の契約に必要な、借用証書、印鑑証明書、融資金の入金先の通帳のコピーなどを用意し日本政策金融公庫へ郵送で返送します。

⑦融資実行（指定口座へ入金）

　契約書類の返送後、不備がなければ5営業日程度で指定の事業用の銀行口座に入金があります。

日本政策金融公庫の融資面談のコツ

　日本政策金融公庫の融資審査は、面談で決まると言っても過言ではありません。

　どんなに素晴らしい事業計画書を作成していても、面談でしっかり

と事業の内容や経営計画を説明できなければ、審査に落ちてしまいます。

　融資サポートに特化してきたからこそわかる、面談をクリアするための5つのコツを解説します。

面談のコツ①　面談のベースは事業計画書にあり

　日本政策金融公庫の融資面談は、事前に提出をしている事業計画書を基に、項目に沿って質疑応答があります。事業計画書の内容を自分の言葉でしっかりと説明できるようにしておくことが面談の対策となります。

　また、面談に挑む前に、事前に提出した事業計画書を今一度確認しておきましょう。

面談のコツ②　結論と根拠（理由）を組み合わせて回答

　どのような質問に対しても、「結論」＋「根拠（理由）」を組み合わせて回答しましょう。結論から先に述べ、続いてその根拠を伝えましょう。

　そうすると聞き手（面談担当者）にストレスを与えず、明確でわかりやすい回答になります。

　審査面談の対策として、よくある質問と、NG回答事例を解説していきます。

質疑応答の例
質問：「事業の開始時期はいつ頃を予定していますか？」

NG回答例1：「10月を予定しています。」
解説：結論のみを述べています。この回答では、結論のみでその根拠がわかりません。担当者は、事業の開始をこのタイミングにした理由

は何なのかが知りたいのです。

NG回答例2：「この業界は繁忙期が12月からだと言われているので、客が増える前に仕事の流れを確立、新規顧客への宣伝活動をしていきたいと思っているので、10月に創業を予定しています」

解説：だらだらと理由から話しはじめ、最後に結論を述べる形になってしまっています。結論が見えない話は聞き手（担当者）にとってストレスに感じます。求めている回答がすぐに得られない話は、退屈に感じてしまいます。

おすすめ回答例：「10月を予定しています。この業界は繁忙期が12月からと言われているので、客数が増える前にオペレーションの確立や集客をしていきたいからです。」

解説：結論⇒根拠（理由）の法則が守られています。
・結論＝10月に開業する
・根拠（理由）＝オペレーションの確立、集客のため

　NG回答例2と同じことを伝えているはずなのに、模範回答の方が、よりスムーズで明確な回答を得られたように感じるはずです。

面談のコツ③　「おそらく」「多分」「だと思います」など曖昧な表現はNG

「おそらく」「多分」「だと思います」など曖昧な表現は言わないようにしましょう。経営者として自信がないのだろうか？と不信感を与えてしまいます。

　もちろん、根拠のない自信はNGですが、言い切るような回答が好ましいです。

面談のコツ④　専門用語を使わない

　業界の専門用語は使わないようにしましょう。銀行員は業界のプロではありません。誰にでもわかる言い回しで伝えるようにしてください。

面談のコツ⑤　厳しい質問にも冷静に対応

　事業に関する厳しい質問や指摘をされることもありますが、冷静に対応しましょう。感情的になるのはおすすめできません。

　事業計画におけるリスクや問題点について予測できているのかを確認するための質問です。

　担当者は、融資をしないために荒探しをしているのではなく、事業に対する本気度や経営者としての素質を見ています。真摯な対応と回答が、融資審査でのプラス評価へと繋がります

融資審査をスムーズに進めるためのテクニック

　日本政策金融公庫の融資は、申込から融資の実行まで１ヵ月程度かかります。他の銀行の融資は、申込から融資の実行まで１ヵ月半～２ヵ月程度かかるため、比較すると早い方ですがそれでも１ヵ月は長いと感じるかもしれません。

　そこでなるべく融資審査をスムーズに進めるための４つのテクニックをお伝えします。実際に、融資面談の次の日に融資決定の連絡が来たこともあります。

テクニック①　融資希望額は1,000万円以下で申込む

　融資希望額が1,000万円を超えると、支店決済ができなくなります。

　本店決済となると、融資の難易度も上がると同時に審査期間が長引きます。

　1,000万円以上必要な場合は、他の金融機関を併用し、合計で1,000万円以上の獲得を目指しても良いでしょう。

日本政策金融公庫で融資審査をクリアしたという実績は、会社の信用力となるため、他の金融機関でも融資が受けられる確率が高くなります。

テクニック②　事業計画書を作り込む

　事業計画書を作り込んでおくと、面談や審査期間が短縮できます。

　ビジネスモデルが複雑でわかりにくい、前例のない事業を実施する場合は、面談や審査期間が長引く可能性があります。ビジネスモデルや事業内容を誰にでもわかるように図解した資料を用意しておくと良いでしょう。

テクニック③　繁忙期や年末年始・大型連休を避ける

　融資審査に時間がかかるケースとして、単純に担当者が忙しいという場合も多いです。

　日本政策金融公庫は、12月や年度はじまりの４月は忙しい傾向があります。また、土日や祝日は営業していませんので、その期間は審査が進みません。

テクニック④　専門家に相談する

　税理士や融資の専門家に相談することで書類の不備や漏れを防ぎスムーズに審査が進められます。

　事業計画書の作成相談にものってもらうことができ、事前の準備もスムーズ、さらに専門家からのアドバイスを受けることで融資の確率もUPします。

　税理士や融資の専門家は審査において提出が求められる書類を網羅しているため、漏れなく準備することが可能です。さらに一般的に提出が求められる書類の他に、融資審査を有利に進めるための書類の用意も提案してもらえるため、専門家に相談することもおすすめです。

（2）銀行の融資（保証協会付き融資）　難易度★★★

　日本政策金融公庫以外の銀行や信用金庫から融資を受ける資金調達方法です。

　実は、銀行からの融資には、保証協会付き融資とプロパー融資の2つの種類があります。

- ・保証協会付き融資：事業者が融資の返済ができなくなってしまった時に、信用保証協会という公的機関が間に入り、事業者の代わりに銀行へ返済を行ってくれる融資制度
- ・プロパー融資：銀行が直接、事業者に融資を行うもの
　事業者が融資の返済ができなくなってしまった場合のリスクは、銀行が負います

　創業間もない事業者や中小企業は、一般的に貸し倒れのリスクが高いとされており、プロパー融資を避けがちです。一方信用保証協会付きならば、創業間もない事業者や中小企業でも融資を受ける可能性が上がります。

銀行融資（保証協会付き融資）の金利と保証料

　銀行から保証協会付き融資を受ける際には、実は金利の他に保証料の支払いが発生します。この保証料は、借入金額、借入期間、返済方法、担保の有無、財務内容、資金使途や返済能力、経営者の経営力などによって変動します。

　金利の他に追加で保証料も支払わないといけないなんて、負担が大きく、銀行から融資は受けない方がいいのでは？と考えがちですが、実は銀行融資の金利と保証料を追加した合計の負担額と、日本政策金融公庫の金利の負担額は、ほとんど同じです。

つまり、日本政策金融公庫は、保証人を付けない代わりに金利が高めに設定されているということです。

　「保証協会付き融資の金利・保証料率」と「日本政策金融公庫の金利」を比較すると下記の通りです。

図解7章-9　「保証協会付き融資の金利・保証料率」と「日本政策金融公庫の金利」の比較

	保証協会付き融資	日本政策金融公庫
金利	年 1.5%前後	年 1〜3%前後
保証料率	年 1.5%前後	なし

　さらに、地方自治体が実施する制度融資を利用することで、保証料の割引が行われたり、融資の返済時に支払った利息を補給してもらえることもあります。

　制度融資とは、地方自治体が民間の金融機関と信用保証協会と連携して実施している融資のことです。制度融資を利用することによって、保証料や利息の負担が大幅に軽減されます。銀行に融資の相談をすると、多くの場合、地方自治体の実施する制度融資の中から条件や目的に合ったものを案内してくれますので安心してください。

銀行の融資（信用保証協会付き融資）の流れ

　銀行の融資（信用保証協会付き融資）の流れは、以下のように進んでいきます。

　信用保証協会付き融資は、銀行での審査と信用保証協会での審査の2つをクリアしなければなりません。

　そのため、融資の相談から融資の実行まで約1〜2ヵ月程度かかります。

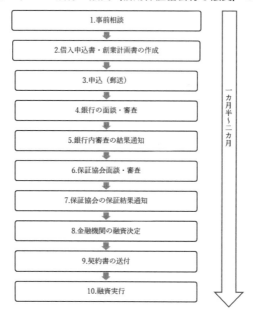

図解7章-10　銀行の融資（信用保証協会付き融資）の流れ

1.事前相談

2.借入申込書・創業計画書の作成

3.申込（郵送）

4.銀行の面談・審査

5.銀行内審査の結果通知

6.保証協会面談・審査

7.保証協会の保証結果通知

8.金融機関の融資決定

9.契約書の送付

10.融資実行

一カ月半〜二カ月

①事前相談（最寄りの金融機関の支店へ、事前に電話予約後に窓口で相談）

　都市銀行よりも地方銀行、地方銀行よりも信用金庫がおすすめです。親身になって相談に乗ってくれるからです。

②借入申込書・創業計画書又は事業計画書の作成（自宅で作成）

　提出書類は次のとおりです。

　信用保証協会に提出する書類も含まれますが、金融機関経由で送ってくれます。

（必要書類）
  ・借入申込書
  ・創業計画書・事業計画書
  ・法人印鑑証明書
  ・代表者個人の印鑑証明書
  ・代表者の本人確認書類（運転免許証等）
  ・直近2期分の確定申告書・決算書（既に事業をしている場合）
  ・試算表（既に事業をしている場合）
  ・勤務時代の給与所得の源泉徴収票（これから創業する場合）
  ・通帳コピー（法人用・個人用共に）
  ・設備資金がある場合は見積書コピー
  ・登記簿謄本・定款（法人の場合）
  ・店舗や事業所の不動産賃貸借契約書コピー
  ・営業について許認可が必要な業種は、許認可証コピー
  ・水道光熱費などの公共料金支払領収書（口座振替の場合は、通帳
    で確認）

③申込（郵送または窓口提出）
　資料の準備ができたら、銀行担当者の指示に従ってください。郵送ではなく、担当者に直接渡すと、その場で不足事項などの確認が取れるためおすすめです。

④銀行の面談・審査（支店へ）
　金融機関担当者と支店で面談が行われます。
　面談の内容は、基本的には提出した創業計画書の中身について質問されます。的確に答えられるように準備しておきましょう。

⑤結果通知（電話で連絡がきます）

　金融機関での審査後、信用保証協会に申込みすらできない場合は、この時点で審査落ちした旨の連絡がきます。

⑥信用保証協会面談（事前に電話連絡後、店舗や事業所で面談）

　信用保証協会から連絡がきて、日程調整後に面談が行われます。

⑦および⑧信用保証協会・金融機関の結果通知（電話連絡）

　審査結果が電話で連絡がきます。

⑨契約書の送付

　融資の契約書類が送られてきます。

　必要事項を記入して書類の返送をします。

⑩融資実行（申し込みをした金融機関口座へ入金）

　契約書類の返送後、不備がなければ5営業日程度で入金があります。

銀行融資の3つのコツ

銀行融資のコツ①　はじめての銀行融資は信用金庫がおすすめ

　私のおすすめは信用金庫です。銀行は株式会社であるため、利益を優先します。特に、都市銀行は大企業を含む全国の企業と取引をしていますので、リスクの高い中小企業に時間や労力を割いてくれません。

　それに対して、信用金庫は地域の方々が会員となり互いに地域の繁栄を図る相互扶助を目的としており、主な取引先が地域の中小企業や個人であるため、親身になって対応してくれます。

銀行融資のコツ②　資金使途を明らかにする

　2つ目のコツは、資金使途を明らかにすることです。

他人にお金を貸してと言われた時に、何に使うのかを聞きたくなるように、銀行も資金使途について必ず聞いてきます。

　資金使途が事業拡大のための設備投資なのであれば、具体的な見積書を用意し根拠を示すようにしましょう。売上増加のための仕入代金などの運転資金が必要なのであれば、仕入から売上代金の入金までのお金の流れを説明できるようにしましょう。

　重要なのは、「資金使途が売上を上げるために必要である」という前向きな理由であるという事です。

　例えば、取り扱い商品の需要拡大を受け、最新の製造設備を導入し生産スピードを1.5倍に向上。生産スピードの向上により、商品1個当たりの製造コスト減、売上が2倍になる。といったように、「融資を受けて最新の製造設備を導入することにより、売上が増加する」という前向きな理由を説明できるようにしましょう。

銀行融資のコツ③　銀行担当者へわかりやすい情報提供をする

　事業計画書を基に、銀行担当者に融資の必要性や返済の根拠はもちろん、事業の実態や将来性などを口頭で説明し情報提供をしましょう。

　銀行員は厳しいと聞いたことがあるかもしれませんが、銀行員は融資をしたいというスタンスでいます。どうしたらこの会社に融資ができるのか情報が欲しいのです。

　また、銀行員は融資のプロですが、あなたの事業の内容のことはわかりません。

　事業計画書だけでは理解してもらえないような、将来性や代表者の能力・人間性などを積極的に説明し、銀行にきちんと評価してもらえるようにしましょう。

銀行とコミュニケーションを取り親交を深めておくことは、今後の事業継続においても大切です。心強い相談相手となってくれます。

日本政策金融公庫と銀行融資どこから借りるのが一番いい？

結局のところ、どこに融資を申し込んだらいいのでしょうか？

これは、当社のクライアントからも良く受ける質問です。

結論、会社の状況や目的に合わせて申し込む先を変えるべきです。

日本政策金融公庫に融資を申し込むべき人

日本政策金融公庫に融資を申し込むべき人は次の3通りです。

・これから創業する人、創業して間もない人

日本政策金融公庫は、これから創業する人や創業して間もない人に積極的に融資をしてくれます。創業して初めて融資を検討する場合は日本政策金融公庫をおすすめします。

・無担保、無保証人で融資を受けたい人

日本政策金融公庫は原則、無担保、無保証人で融資を受けることができます。民間の金融機関にはない制度のため、積極的に活用しましょう。

・融資の実行まで急いでいる人

日本政策金融公庫の融資は、融資の実行までに最短で1ヵ月程度とスピーディーです。

民間の金融機関は1ヵ月半～2ヵ月程度かかってしまいます。

銀行の融資（保証協会付き融資）を申し込むべき人

銀行の融資（保証協会付き融資）を申し込むべき人は次の4通りです。

・創業する人、創業して間もない人で自己資金があまりない人

　日本政策金融公庫の創業融資を申し込むためには開業資金の10分の１以上自己資金が必要になりますが、民間の金融機関の融資には基本的に自己資金要件がありません。

　そのため、自己資金があまりない人、親族や知人からお金を借りて創業した人という方は、日本政策金融公庫の創業融資が受けられないからとあきらめず、民間の金融機関の融資を検討しましょう。

　ただし、審査において自己資金の有無は重要です。

・既に日本政策金融公庫から借入があり追加で融資を受けたい人

　日本政策金融公庫から融資を既に受けていることで信用力が増していますので、比較的借りやすい傾向があります。

・今後の事業の拡大を見据えて民間の金融機関とお付き合いをしたい人

　関係を深めることで事業に関する相談などに乗ってもらうことができます。

・借入の実績を作りたい人

　借入実績があると次の借入の際に有利になります。少しでも資金に不安がある人や事業を拡大したい人は、融資の申込をおすすめします。当然利息負担が発生するので、過大余剰資金まで借り入れる必要はありません。

（3）補助金　難易度★★★★

　新規事業を行う際は、補助金の活用を強くおすすめします。

　国や自治体は経済の活性化のために、新規事業や事業の拡大をする事業者に支援をする様々な助成金を用意しています。

　補助金をもらうためには、様々な条件や経営計画書・事業計画書の

審査をクリアしなければなりません。補助金の種類によっては数十万～数千万円まで受給できるものもあります。

　補助金は融資とは違い原則、返済の義務がありません。ただ、採択される枠が決まっています。申請時に提出した経営計画書・事業計画書の内容を他の事業者と競い、良案と認められた場合のみ受け取ることができます。

　採択されるためには、経営計画書・事業計画書の作り込みが非常に重要です。

　採択率は補助金の種類によりますが、50～60％です。

補助金の特徴

　補助金の主な特徴は以下の7つです。

① 事業の拡大や新事業の展開、販路拡大等用途が決まっている
② 条件や審査がある
③ 経営計画書を提出する必要がある
④ 返済義務はなし
⑤ 原則後払い
⑥ 公募の期間が決まっている
⑦ 商工会議所や税理士、金融機関、コンサルティング会社などの専門家に相談できる

　それぞれ詳しく解説していきます。

特徴① 事業の拡大や新事業の展開、販路拡大等用途が決まっている
　補助金は経済の活性化を目的としているため、起業や新たな事業にチャレンジする人を応援してくれる内容のもがほとんどです。補助金の趣旨に沿った補助金の使い方が求められます。

特徴②　条件や審査があり、必ず受け取れるものではない

　補助金は、申請すれば必ず受け取れるものではありません。

　条件や審査をクリアする必要があります。

特徴③　経営計画書を提出する必要がある

　申請の際に、経営計画書の提出が求められます。

　この経営計画書は補助金の審査において非常に重要なものであり、新たな事業の実現性や収益性などを詳しく記載する必要があります。

特徴④　返済義務はなし

　補助金は融資と違い、審査をクリアした人であれば、もらえるお金です。そのため、返済の義務はありません。

特徴⑤　原則後払い

　補助金は原則後払いです。

　審査をクリアしたら、補助金の入金を待ってから経費の支払いをするのではなく、手元資金から経費の支払いをして事業を進めていきます。その後、実施報告書を提出し、申請の際に提出した経営計画書の通りに経費が使われたことが認められて、初めて補助金が入金されます。

特徴⑥　公募の期間が決まっている

　補助金は、それぞれ公募の期間が定められており、年に１回や年に数回、約１カ月程度の申請できる期間が限定されています。中には、補助金の枠がなくなり次第終了してしまうものもあります。

　申請のタイミングを逃さぬよう、各補助金専用のホームページなどをこまめにチェックしておきましょう。

特徴⑦　商工会議所や税理士、金融機関、コンサルティング会社など

の専門家に相談できる

　補助金の申請は、専門家に相談することができます。

　経営計画書の作成サポートや、申請の代行を依頼することができます。無料の相談を行っているところや、完全成功報酬でサポートをしてくれるところがほとんどです。

補助金の流れ

　補助金の申請から、補助金の交付までの流れは次の通りです。

図解 7 章-11　補助金の流れ

1.補助金の申請書類の作成・提出
2.審査
3.審査結果の通知
4.補助事業の実施期間
5.補助事業の実施報告
6.補助金の交付

約 1 年

①補助金の申請書類の作成・提出

　公募期間中に必要書類を作成し提出します。郵送で提出する場合やインターネット上で電子申請を行います。提出書類は補助金ごとに異なりますが、所定の書式の書類や事業計画書・経営計画書などの提出が求められます。

②審査

　審査にはおおよそ１ヵ月〜２ヵ月ほどかかります。公募の要件を満たしているか、必要な書類が揃っているか、経営計画書の内容等が審査されます。

③審査結果の通知

書面にて審査結果の合否が通知されます。

④補助事業の実施期間

　申請時に提出した経営計画書・事業計画書に基づいて、事業を行っていきます。原則、審査の合否の後の補助対象期間にかかった費用が補助金の対象になります。

⑤補助事業の実施報告

　補助対象期間が終了したら、事業の報告、実際にかかった経費の報告を行います。報告書を作成し、実際にかかった経費の証拠書類（契約書や領収書など）を提出します。

⑥補助金の交付

　報告書を提出し、経費が申請時の経営計画書通りに使われたという事が認められて初めて補助金が交付されます。補助金の交付後、その後何年かにわたって、事業の状況報告を行う必要があるものもあります。

補助金の３つの注意ポイント

①　事業をスタートするための資金は自分で用意

　補助金は原則後払いです。そのため、新たな事業を始めるための資金は、あらかじめ自分で用意しておく必要があります。補助金の入金まで長いもので１年以上後になる場合があります。

「補助金をもらって、新しい事業を始めよう！」などと考えている方は注意してください。

②　補助の対象経費の支出時期に注意

　補助金は、事業期間が定められており、基本的に交付が決定した後

に支払いを行った経費のみが補助の対象になります。交付の決定が４月１日の場合、３月31日以前に支払いを行った経費は、補助の対象にはなりません。

③　事業計画書・経営計画書の作り込みが重要

　補助金の審査をクリアするためには、事業計画書・経営計画書をしっかりと作りこむことが重要です。既存事業の分析、新たな事業の実現性や収益性などを示し、審査員に評価してもらう必要があります。

補助金の採択率がUPする事業計画書・経営計画書作成の５つのコツ

①　自社を客観的に分析できている

　経営計画書を作成するには、自社の製品やサービスの強みや弱み、自社を取り巻く環境をきちんと把握していなければなりません。

②　経営の方針・目標が具体的

　自社の経営状況を踏まえた、今後の経営の方針や目標について数値などを用いて具体的に示します。

③　補助事業が有効で現実味がある

　事業計画が実現的であることを具体的に示していきます。どのような商品、サービスを誰がどんなリソースを使ってどのような方法で販売し、売上を上げるかまで示す必要があります。絵に描いた餅ではいけません。

　客観性や具体性を持たせるためには、数字で語る必要があります。

　なぜこの数値なのか、どのようにしてその目標数値を達成するのかを根拠ある数で示します。

④　誰が見てもわかりやすい

　審査員に自社のことをこの経営計画書だけで伝え、判断してもらわなければなりません。

　とにかくわかりやすく、商品やサービスなどは写真や表などを活用し、どのような事業をやっていて、どんなところが強みなのかをイメージしやすく記載していきます。

　特に、専門用語などを使わないように注意しましょう。

⑤　専門家へサポート依頼がおすすめ

　より確実に補助金を獲得したい場合は、専門家にサポートを依頼することをおすすめします。

　商工会議所や税理士、金融機関、コンサルティング会社など様々な機関が支援サポートを行っていますが、中でも、国の認定を受けた「認定経営革新等支援機関」がおすすめです。

　認定経営革新等支援機関とは、中小企業支援に関する専門知識や実務の経験が一定レベル以上にある者として、国が認定した支援機関（税理士、公認会計士、中小企業診断士、金融機関、商工会、商工会議所）のことです。

新規事業でおすすめの補助金

①小規模事業者持続化補助金（一般型）

　小規模事業者持続化補助金とは、小規模事業者等の地道な販路開拓や販路開拓に合わせて行う業務の効率化の取り組みを補助してくれる制度のことです。

　商工会議所が主体となっており、地域や業種を問わず申請できます。

　チラシや看板をはじめ、HPやネット広告、新しい機械装置の購入など幅広い経費が補助金の対象となるため、とても利用しやすい補助

金です。

　補助上限額は50万～200万円まで。増額することができる特例の
ある年度もありました。補助金額は年度によって異なるため、都度確
認が必要です。

　実際に活用されている事業者も多く、補助金を活用したいと考えた
ら、まず小規模事業者持続化補助金の活用を検討してみましょう。

（小規模事業者持続化補助金の活用事例）
事例1）食品製造業
　分解洗浄可能な最新のミキサーを導入
事例2）飲食業
　冷蔵ショーケースとWEB予約システムの導入
事例3）美容業
　要介護者にもやさしい最新のシャンプー台の導入

②ものづくり補助金
　ものづくり補助金とは、革新的サービスや新商品の開発、生産プロ
セスの改善などを行うための設備投資に対する補助金です。正式名称
は「ものづくり・商業・サービス生産性向上支援補助金」といいます。
　補助金額が大きく高額な設備投資をする際は活用したい補助金です。

（ものづくり補助金の活用事例）
事例1）飲食業
　イタリアンレストランが瞬間冷凍機の導入
事例2）食品製造業
　さつまいも加工用の温度センサー付きふかし庫・ボイラーの導入
事例3）小売業
　オリジナル名入れギフト用特殊プリンター・レーザー加工機の導入

事例４）観光業

　多言語対応のホームページの構築・予約管理システムの構築の導入

事例５）美容業

　オリジナル化粧品の自社開発

③IT導入補助金

　IT導入補助金とは、中小企業・小規模事業者に対して、ITツールを導入する際の経費の一部を補助する制度です。テレワークの導入や業務の効率化にかかる費用が対象になります。ただし、導入できるITツールは補助金事務局によって認定されたIT導入事業者が提供するものと限られてます。

（IT導入補助金の活用事例）

事例１）食品製造加工業

　自動化ツール（RPA）を導入

事例２）土木工事業

　勤怠管理ツールの導入

事例３）宿泊業

　宿泊予約サイトの一元管理システムの導入

事例４）サービス業

　非対面ミーティングシステムの導入

事例５）飲食業

　POSレジ・オーダーシステムの導入

④事業再構築補助金

　事業再構築補助金とは、新たな事業の展開や業種・業態転換を伴う思い切った取り組みを行う中小企業等を支援する補助金です。補助金額も大きく、リスクを最小限に抑えて思い切った挑戦におすすめで

す。ただし、予算がなくなり次第なくなってしまう可能性が高い制度ですので、実際に利用する際には、都度確認してください。

（事業再構築補助金の活用事例）
事例１）建設業
　建設業者が、大工の技術を活かした家具の製造・販売を開始。家具製造のための機械装置、広告宣伝費、ECサイト構築費用等に活用。
事例２）小売業
　中古車販売事業者が、キャンピングカーやキッチンカーなどの架装事業を開始。架装工事用の機械装置、工具等に活用。

⑤自治体独自の補助金
　都道府県や市区町村が主体となって行っている補助金もあります。
　各地域の活性化を目的としており、地域の特色が表れているものもあり種類が豊富です。
　自治体独自の補助金の調べ方は次の３つの方法があります。

調べ方①　ミラサポPlus
　ミラサポplusは中小企業庁が運営している中小企業、小規模事業者を対象とした情報支援サイトです。
　トップページの「支援制度を探す」から、条件の絞り込みをクリックすると、事業ステージや困りごとなど、希望に合わせた補助金などの支援制度を検索できます。

　地域のタブからご自身の事業を行っている自治体を選択し、この条件で検索をクリックすると、対象となる地域で実施している補助金や支援制度を一覧で見ることができます。

図解 7 章-12　ミラサポplus 補助金・助成金 中小企業支援サイトの見本

調べ方②　J-Net21

　J-Net21は独立行政法人中小企業基盤整備機構が運営する中小企業
を対象に支援を行うポータルサイトです。

　全国の補助金・助成金・融資の制度を地域や目的を指定して検索で
きます。

図解 7 章-13　J-Net21

調べ方③　各自治体のサイト

　どの自治体のサイトにもトップ画面にサイト内検索バーがあります
ので、そこに「補助金」と入力してみてください。

　自治体のサイト内から補助金に関係するページが表示されます。

図解 7 章-14　自治体のホームページの見本

補助金と混同される助成金とは？

　助成金は、補助金とよく混同されることが多いです。実際、明確に区別はされていないのが実情ですが、今後事業を行っていく上で正しく理解しておく必要があります。

　補助金と助成金の共通点と違いを解説していきます。

　補助金と助成金の共通点

　どちらも原則、返済義務がありません。

　補助金と助成金の違い

① 管轄が違う

　助成金は厚生労働省が管轄しており、雇用の促進・労働環境整備にかかる経費を助成してくれます。一方、補助金は経済産業省が管轄しており、事業の拡大や新事業の展開、販路拡大にかかる費用の一部を

補助してくれます。

② 公募期間が違う

　助成金は１年を通して申請が可能です。

　一方、補助金は、公募期間が決まっています。回数は年に１回〜数回で、期間は約１ヵ月程度となっています。

　中には、補助金の限度額へ到達した、募集人数が達成したなど、その枠の状況によっては予定された時期より前に終了してしまうものもあります。

③ 難易度が違う

　どちらも事業計画書などの提出が求められますが、助成金は基本的に申請の要件や提出書類を満たしていれば受け取ることができるのに対し、補助金は審査をクリアしなければ受けとることができません。

④ サポート窓口・専門家が違う

　助成金の申請は、社会保険労務士のみが代行で申請することが可能です。補助金の申請は、商工会議所・税理士・金融機関・コンサルティング会社等があります。

　補助金と助成金の違いは理解できたでしょうか？

　違いはあるものの、是非活用したい制度です。積極的に活用していきましょう。おすすめの助成金をいくつか紹介します。

おすすめの助成金

① キャリアアップ助成金

　キャリアアップ助成金とは、アルバイトやパートなどの非正規労働者を正社員化する、人材育成を行う、待遇を改善するなどの取り組み

を行った事業主に対して助成金が支給される制度です。

②　両立支援等助成金（出生時両立支援コース（子育てパパ支援助成
　　金））
　両立支援等助成金（出生時両立支援コース）とは、男性労働者が育
児休業を取得しやすい環境や業務体制の整備を行い、育児休業を取得
した男性労働者が生じた事業主に助成金を支給する制度です。

③　両立支援等助成金（介護離職防止支援コース）
　両立支援等助成金（介護離職防止支援コース）とは、介護支援プラ
ンを作成し、プランに沿って労働者の円滑な介護休業の取得や職場復
帰に取り組み、介護休業を取得した労働者が生じた事業者、または介
護のための柔軟な就労形態の制度の利用者が生じた事業主に助成金を
支給する制度です。

④　両立支援等助成金（育児休業等支援コース）
　両立支援等助成金（育児休業等支援コース）とは、育児復帰支援プ
ランを作成し、プランに沿って労働者の円滑な育児休業の取得や職場
復帰のための支援、育児休業取得者の業務を代替する労働者を確保す
るなどの取り組みを行った事業主に助成金を支給する制度です。

　どの助成金も、年度によって終了してしまうものがあるため、利用
する際は都度確認をして下さい。

（4）クラウドファンディング　難易度★★★★★
　クラウドファンディングとは、近年注目されている資金調達方法
で、インターネットを通じて不特定多数の人に資金の提供を呼びか
け、事業趣旨に賛同した人から資金を集める資金調達の方法です。

事業者はクラウドファンディングのサービスサイトに登録を行い、主に一般消費者に資金の提供を呼びかけます。

ただし、クラウドファンディングの成功率は30％前後とも言われており、必ずしも資金が集まるとは限らないため、クラウドファンディングだけで資金調達をするのはおすすめしません。

クラウドファンディングの特徴

クラウドファンディングの主な特徴は次の3つです。

①大きく3つの種類がある「購入型」「寄付型」「金融型」

②不特定多数から資金を集めることができる

③テストマーケティングができる

①大きく3つの種類がある

クラウドファンディングは「購入型」「寄付型」「金融型」の3種類に分けられます。

「購入型」とは、資金支援の見返りとしてモノやサービスを提供するものです。

「寄付型」とは、名前の通り寄付という形で資金支援をしてもらうものです。環境問題や子ども支援など社会貢献を目的としたプロジェクトが多いです。

「金融型」とは、株式やファンドの仕組みを利用したクラウドファンディングです。モノやサービスではなく金銭的なリターンを提供します。

②不特定多数から資金を集めることができる

クラウドファンディングのサービスサイトを通して、多くの人の目に触れることができ、プロジェクトに賛同してくれた不特定多数の人から資金を集めることができます。

③テストマーケティングができる

　テストマーケティングツールとして活用することができます。

　商品・サービスの需要の有無や、顧客層の分析をすることができ、本格的な展開の前に商品・サービスの改善に活かすことができます。

クラウドファンディングの流れ

　一般的なクラウドファンディングの流れは次の通りです。

　資金調達ができるまで2〜4ヵ月かかります。

図解7章-15

1.クラウドファンディングのサービスサイトを決定
2.プロジェクトページの作成
3.プロジェクトの審査
4.クラウドファンディング開始
5.プロジェクトの実行・支援者へのリターン

2〜4ヵ月

　クラウドファンディングの流れについて、それぞれ詳しく解説していきます。

①　クラウドファンディングのサービスサイトを決定

　クラウドファンディングを掲載するサービスサイトを決定します。

　サービスサイトによって、得意な分野があったり、手数料などの違いがあります。

②　プロジェクトページの作成

　サービスサイトからプロジェクトページを作成します。

　プロジェクトに魅力を感じてもらえるようなページ作りが必要です。

③　プロジェクトページの審査

　プロジェクトページが完成したら、掲載のための審査を受けます。

④　クラウドファンディング開始

　審査をクリアしたら、いよいよクラウドファンディングの開始です。
クラウドファンディングの募集期間は平均30〜60日です。

⑤　プロジェクトの実行・支援者へのリターン

　期間内に目標金額を達成したら、プロジェクトの成功です。
　調達したお金で事業を実施し、支援者にリターンを提供します。

（5）その他（VC・エンジェル投資家）　難易度★★★★★

　資金調達の方法として、よくVC（ベンチャーキャピタル）やエンジェル投資家などが挙げられますが、実績がない創業間もない事業者や小規模事業者にとっては、ハードルが非常に高く、現実的ではないためここでは説明を省きます。VC（ベンチャーキャピタル）もエンジェル投資家もどちらも「投資」です。ご自身が投資する立場となり考えると、かなりリスクが高いと感じられるのではないでしょうか？その分、審査も厳しく狭き門となっているのが現状です。

（6）番外編　おすすめしない資金調達方法

　最後に番外編として、なるべく利用を避けてほしい資金調達方法について紹介します。

　それは、「ファクタリング」や「ノンバンクからの借入」です。

　「ファクタリング」とは売掛債権をファクタリング会社に買い取ってもらうことで資金調達をする方法です。

　売掛債権をファクタリング会社に買い取ってもらうと売買手数料を引いた金額が振り込まれ売掛債権を早期に現金化できるといったメリットがあります。現金化して資金が回らない場合などに利用しますが、やはり手数料の負担が大きいことが問題です。

　「ノンバンクからの借入」とは、銀行や信用金庫などの金融機関以

外から受ける融資のことです。

　無担保・無保証人で即日借入ができる、審査条件が優しいなどのメリットがあります。

　どちらも、中小企業や小規模事業者への資金調達方法としてネット上でよく紹介されており、即日資金調達ができること、融資審査が優しいという共通点があります。しかし、銀行等の金融機関に比べ、金利が高く、将来返済が困難になる可能性があります（おおよそ２～15％）。

　これらの資金調達方法を一度使用すると、履歴に残り、「急ぎで資金が必要になった＝計画性がない」と金融機関などから見られ、今後の融資審査に影響を及ぼします。自分の首を自分で絞める羽目になってしまいますので、他の資金調達を優先させ、ファクタリングやノンバンクからの借入の利用は可能な限り避けてください。

【資金調達の注意点】

　これまで様々な資金の調達方法を紹介してきましたが、まずは自己資金で、どこまで必要な資金を賄えるのかを検討するようにしましょう。基本的には、自己資金では賄えない部分を、日本政策金融公庫や銀行からの融資で調達することをおすすめします。

　融資の返済は、売上から経費を引いた利益から行っていくものですが、実はもう一つ利益から引かれるものがあります。それは「税金」です。法人に対してかかる税金は、利益に対しておおよそ35％です。

　100万円の利益が出た場合、そのうち35万円が税金となります。

　融資の返済は、売上から経費と税金を引いた後に残った利益から行います。

新規事業をスタートするためには、膨大な資金の投入が必要でありながらも、お客さんは来るのか、利益は上がるのか、などの不安要素も多くあります。

　融資の返済額が大きくなると、そのぶん事業継続の難易度は高くなります。可能な限り自己資金はたくさん準備するようにしましょう。

資金の管理（資金繰り）

　お金の出入りを把握し、資金が不足しないようにコントロールすることを一般的に「資金繰り」といいます。

　資金繰りは経営者である、あなたの仕事です。

　資金繰りのポイントは「お金の回収期間（入金サイト）は短く、お金の支払い期間（支払いサイト）は長く」です。

・入金サイトと支払いサイトとは

　日本では、取引代金の締め日を決めて、まとめて代金を精算するという商習慣が浸透しており、これを「掛取引」といいます。

　この「掛取引」おいて発生するのが、お金の回収期間（入金サイト）とお金の支払い期間（支払いサイト）です。

　お金の回収期間（入金サイト）とは、取引先から売上代金の入金があるまでの期間のことです。

　例えば、月末締め翌月末日入金の場合は「入金サイト30日」となります。8月1日〜8月31日までの間に行われた取引の売上の代金を9月30日に入金してもらうといったケースです。

　入金されるまでの間は、将来支払いを受ける権利を持っていることになります。これを「売掛金」と言います。

一方で、お金の支払い期間（支払いサイト）とは、商品の仕入や材料費の支払いなど取引先に実際に支払いをするまでの期間のことです。

　例えば、月末締め翌々10日支払いの場合は「支払いサイト40日」となります。8月1日〜8月31日までの間に仕入れた分の経費の支払いを10月10日に支払うといったケースです。

　支払いを終えるまでの間は、将来支払いをしなければいけない債務を負っていることになります。これを「買掛金」といいます。

・入金サイトは短く、支払いサイトは長くとは

　入金サイトが短かければ、売上代金の入金時期が先にやってきます。

　そして、支払いサイトが長ければ、仕入れなどの経費の支払いは売上代金の入金時期の後にやってきます。先にお金が入ってくれば、その後にくる支払いは入ってきたお金で支払いができるため、お金がなくなる心配は少なくなります。

　例えば、売上の回収期間（入金サイト）が月末締め翌月末入金、仕入れの支払い期間（支払いサイト）が月末締め翌々10日支払いの場合は次の図ようになります。

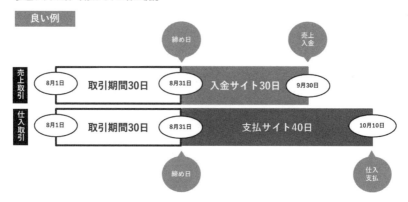

売上代金が9月30日に入金され、10月10日に請求が来ているため、支払い期日にキャッシュが足りないというリスクを抑えることができます。

では、入金サイトより、支払いサイトが先にきてしまうとどうなるのでしょうか?

例えば、売上の回収期間（入金サイト）が月末締め翌々月末入金、仕入の支払期間（支払いサイト）が月末締め翌月末支払いの場合は次の図のようになります。

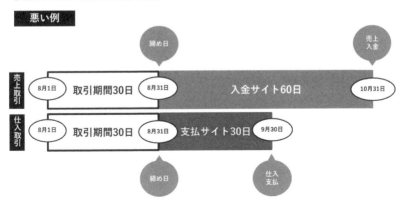

図解 7 章-17 （イメージ図です。）

【入金サイト60日・支払サイト30日の場合】

悪い例

　仮に上記の場合、売り上げは立っているのに入金がなされていないため、キャッシュが足りない状態になります。

　「資金繰り」とは、こうしたお金の出入りを常に把握・管理し、コントロールすることです。「資金繰りの安定は1日にしてならず」です。
　次に、資金繰りを安定させるための方法について解説していきます。

【資金繰りを安定させる方法】
　資金繰りを安定させるためには、日々の努力が必要です。今からでもできる、資金繰りを安定させる方法を解説していきます。

（1）入金サイトと支払いサイトの交渉
　何度も繰り返しになりますが、資金繰りを安定させる基本は、入金サイトは短く、支払いサイトは長くです。
　経営者は、取引の開始時に自社にとって有利になるよう交渉を進めるようにしてください。取引の途中で変更するのは困難です。とは言

え、相手も同じことを考えています。

　そのため、新規取引先には交渉すらさせてもらえないことも多くあります。

　そういった時のために、自己資金や融資を受けて、手元に現金を潤沢に用意しておくようにしましょう。

（2）安定的なストック型の収入を確保する

　単発商品だけでなく、既存顧客に継続的に販売できる商品・サービスを提供し、安定した収入が得られる仕組みを作り、お金が入ってくる流れを複数持つようにしましょう。

　新規顧客向けの単発商品1本だけでは、ずっとその商品を売り続けるしかありません。新規顧客の獲得のためにはマーケティングコストも多くかかる上に、新規顧客が取れなければ、売上が0になる可能性も当然あります。

　一方、既存顧客向けの商品・サービスの提供は、継続性が高い上に、実際の作業量は少なく、マーケティングコストも一般的に新規獲得に比べ5分の1で済むと言われているため利益が大きいです。また、顧客数が増えるほど安定的な収入になります。

　お金が入ってくる流れを複数持ち、来月いくら売り上げられるかわからないような経営から、早急に抜け出しましょう。逆に、継続商品しかなく売上のインパクトがなく悩んでいる場合は、ストック型の収入を確保しつつ、バックエンド商品などで、高額の単発商品を開発することを検討しましょう。

（3）資金繰り表を作成する

　資金繰り表とは、実際に入ってくるお金（売上）と出ていくお金

（経費・返済）を表にまとめたものです。

ここでは、簡単な資金繰り表の作り方について解説していきます。

（簡易版）資金繰り表の作成方法

ステップ①　月の入力

ここでは新規事業における資金繰り表を作成していきます。実際に、新規事業を開始する時期を入力していきます。

見本では1列目は実績とし、現在の状態を入力しています。

図解7章-18

（単位：千円）

	実績　1　月	予定　2　月	予定　3　月	予定　4　月	予定　5　月	予定　6　月
売上高	0	2,000	3,000	3,500	3,500	3,500
（参考）前年同月の売上高	0	0	0	0	0	0
前月繰越金　　(A)	2,000	3,500	2,890	3,080	3,270	3,460

ステップ②　売上目標の入力

月ごとの売上の目標を入力していきます。

見本では、1月はまだ事業を開始していないため実績の売上高は0円としています。2月以降は、売上目標を入力していきます。

目標を入力しておくことで、1年を通しての資金繰りを予測ですがチェックできます。

図解7章-19

（単位：千円）

	実績　1　月	予定　2　月	予定　3　月	予定　4　月	予定　5　月	予定　6　月
売上高	0	2,000	3,000	3,500	3,500	3,500
（参考）前年同月の売上高	0	0	0	0	0	0
前月繰越金　　(A)						

ステップ③　前月繰越金欄の入力

前月繰越金の欄に新規事業のために使える資金の残高を入力します。

見本では、用意していた自己資金2,000千円と入力しています。

1列目を1月の実績としているので、前月の12月末時点の残高が2,000千円です。

図解7章-20

(単位：千円)

		実績 1 月	予定 2 月	予定 3 月	予定 4 月	予定 5 月	予定 6 月
売上高		0	2,000	3,000	3,500	3,500	3,500
（参考）前年同月の売上高		0	0	0	0	0	0
前月繰越金 (A)		2,000	3,500	2,890	3,080	3,270	3,460
収	現金売上	0	1,000	1,000	1,000	1,000	1,000
	売掛金回収	0	0	1,000	2,000	2,500	2,500
入		0	0	0	0	0	0
		0	0	0	0	0	0

ステップ④　収入の入力

収入の欄には、実際に入ってくるお金を入力します。現金で入金になる売上と、売掛金の回収は分けて入力します。

ステップ②で入力した売上高に対応するようにします。

売掛金の回収は時期を想定して、対応する月に入力します。

（例）

3月の売上目標：3,000千円

うち想定される現金売上：1,000千円

うち想定される売掛金：2,000千円

売掛金の回収条件：当月末締め、翌20日回収

4月の売掛金回収欄に2,000千円と入力

図解 7 章-21

（単位：千円）

		実績 1 月	予定 2 月	予定 3 月	予定 4 月	予定 5 月	予定 6 月
売上高		0	2,000	3,000	3,500	3,500	3,500
（参考）前年同月の売上高		0	0	0	0	0	0
前月繰越金　　　（A）		2,000	3,500	2,890	3,080	3,270	3,460
経	収　現金売上	0	1,000	1,000	1,000	1,000	1,000
	売掛金回収	0	0	1,000	2,000	2,500	2,500
	入	0	0	0	0	0	0
		0	0	0	0	0	0
	計　　　　（B）	0	1,000	2,000	3,000	3,500	3,500

ステップ⑤　支出（現金仕入れ・買掛金回収）の入力

　支出の欄には、実際に出ていくお金を入力します。

　ステップ②で入力した売上高に対応した、現金仕入れと買掛金の支払いを入力します。

（例）

　3月の売上目標：3,000千円

　仕入額（原価率50％）：1,500千円

　うち現金仕入れ：0円

　うち買掛での仕入れ：1,500千円

　買掛金の支払い条件：当月末締め、翌々10日回収

　4月の買掛金支払い欄に1,500千円と入力

図解 7 章-22

（単位：千円）

			実績 1 月	予定 2 月	予定 3 月	予定 4 月	予定 5 月	予定 6 月
売上高			0	2,000	3,000	3,500	3,500	3,500
（参考）前年同月の売上高			0	0	0	0	0	0
前月繰越金		(A)	2,000	3,500	2,890	3,080	3,270	3,460
経常収支	収入	現金売上	0	1,000	1,000	1,000	1,000	1,000
		売掛金回収	0	0	1,000	2,000	2,500	2,500
			0	0	0	0	0	0
			0	0	0	0	0	0
	計	(B)	0	1,000	2,000	3,000	3,500	3,500
	支出	現金仕入	0	0	0	0	0	0
		買掛金支払	0	0	0	1,000	1,500	1,750
	計	(C)						
	差引過不足 (B)-(C)=(D)							

ステップ⑥　支出（人件費・その他経費）の入力

　出ていく経費について入力します。

　実績部分には、実際に出ていった経費の金額を入力してください。

　人件費や経費は発生したタイミングではなく、実際にお金が出ていくタイミングで入力します。

　（例）給与の支払いサイト：末日締め翌20日払いの場合

　　　　1月分の給与の支払いは、2月20日になるため、2月に入力します。

図解 7 章-23

(単位：千円)

			実績　1　月	予定　2　月	予定　3　月	予定　4　月	予定　5　月	予定　6　月
売上高			0	2,000	3,000	3,500	3,500	3,500
（参考）前年同月の売上高			0	0	0	0	0	0
前月繰越金		(A)	2,000	3,500	2,890	3,080	3,270	3,460
経常収支	収入	現金売上	0	1,000	1,000	1,000	1,000	1,000
		売掛金回収	0	0	1,000	2,000	2,500	2,500
			0	0	0	0	0	0
			0	0	0	0	0	0
	計	(B)	0	1,000	2,000	3,000	3,500	3,500
	支出	現金仕入	0	0	0	0	0	0
		買掛金支払	0	0	0	1,000	1,500	1,750
		人件費	300	300	500	500	500	500
		その他経費	1,200	1,200	1,200	1,200	1,200	1,200
			0	0	0	0	0	0
	計	(C)	1,500	1,500	1,700	2,700	3,200	3,450
差引過不足　(B)-(C)=(D)			▲ 1,500	▲ 500	300	300	300	50

ステップ⑦　経常外収入・経常外支出の入力

　本業とは異なる収入や支出があれば入力します。

　経常外収入とは、補助金や給付金による収入、資産を売却した際の収入であり、臨時的な収入です。

　経常外支出とは、設備投資をした際の支出や、貸付金、有価証券の購入などによる支出であり、臨時的な支出です。

　見本では、新規事業の初期投資として5,000千円が経常外支出に入力しています。

図解7章-24

（単位：千円）

		実績 1 月	予定 2 月	予定 3 月	予定 4 月	予定 5 月	予定 6 月
売上高		0	2,000	3,000	3,500	3,500	3,500
（参考）前年同月の売上高		0	0	0	0	0	0
前月繰越金　　　　（A）		2,000	3,500	2,890	3,080	3,270	3,460
経常収支	収入 現金売上	0	1,000	1,000	1,000	1,000	1,000
	売掛金回収	0	0	1,000	2,000	2,500	2,500
		0	0	0	0	0	0
		0	0	0	0	0	0
	計　　　（B）	0	1,000	2,000	3,000	3,500	3,500
	支出 現金仕入	0	0	0	0	0	0
	買掛金支払	0	0	0	1,000	1,500	1,750
	人件費	300	300	500	500	500	500
	その他経費	1,200	1,200	1,200	1,200	1,200	1,200
		0	0	0	0	0	0
	計　　　（C）	1,500	1,500	1,700	2,700	3,200	3,450
	差引過不足 (B)-(C)=(D)	▲ 1,500	▲ 500	300	300	300	50
経常外収支	経常外収入	0	0	0	0	0	0
	経常外支出	5,000	0	0	0	0	0
	計　　　（E）	▲ 5,000	0	0	0	0	0

ステップ⑧　財務収支（収入）の入力

　借入金の入金があれば入力します。

　見本では、1月に8,000千円の融資を受けています。

　将来、融資を受ける予定があれば、実行予定月に、融資予定額を入力しましょう。

図解7章-25

(単位：千円)

			実績 1 月	予定 2 月	予定 3 月	予定 4 月	予定 5 月	予定 6 月
売上高			0	2,000	3,000	3,500	3,500	3,500
(参考)前年同月の売上高			0	0	0	0	0	0
前月繰越金 (A)			2,000	3,500	2,890	3,080	3,270	3,460
経常収支	収入	現金売上	0	1,000	1,000	1,000	1,000	1,000
		売掛金回収	0	0	1,000	2,000	2,500	2,500
			0	0	0	0	0	0
			0	0	0	0	0	0
	計 (B)		0	1,000	2,000	3,000	3,500	3,500
	支出	現金仕入	0	0	0	0	0	0
		買掛金支払	0	0	0	1,000	1,500	1,750
		人件費	300	300	500	500	500	500
		その他経費	1,200	1,200	1,200	1,200	1,200	1,200
			0	0	0	0	0	0
	計 (C)		1,500	1,500	1,700	2,700	3,200	3,450
	差引過不足 (B)-(C)=(D)		▲1,500	▲500	300	300	300	50
経常外収支	経常外収入		0	0	0	0	0	0
	経常外支出		5,000	0	0	0	0	0
	計 (E)		▲5,000	0	0	0	0	0
財務収支	収入	借入金	8,000	0	0	0	0	0
	支出	借入金返済						
		支払い利息						
	財務収支計 (F)							
翌月繰越金 (A)+(D)+(E)+(F)=(G)								

ステップ⑨　財務収支（支出：借入金返済・支払い利息）の入力

　借入金の毎月の返済額と支払い利息を入力します。

　見本では、8,000千円の融資を7年（84回返済）で返済する計画で、金利は年利2.5%です。

　借入金の毎月の返済額・支払い利息は、次の計算式で求めることができます。

　毎月の返済額＝借入金÷返済回数（12ヵ月×7年）

　支払い利息＝融資額×借入利息（年利）÷12ヵ月

　既に借入があり返済の負担がある場合は、既存の借り入れと新たな

借入の返済金額を足して入力します。

（例）

　毎月の返済額　800万円÷84回＝約9万5千円

　支払い利息　800万円×2.5%÷12ヵ月＝約1万5千円

図解7章-26

（単位：千円）

			実績 1 月	予定 2 月	予定 3 月	予定 4 月	予定 5 月	予定 6 月
売上高			0	2,000	3,000	3,500	3,500	3,500
（参考）前年同月の売上高			0	0	0	0	0	0
前月繰越金		(A)	2,000	3,500	2,890	3,080	3,270	3,460
経常収支	収入	現金売上	0	1,000	1,000	1,000	1,000	1,000
		売掛金回収	0	0	1,000	2,000	2,500	2,500
			0	0	0	0	0	0
			0	0	0	0	0	0
		計 (B)	0	1,000	2,000	3,000	3,500	3,500
	支出	現金仕入	0	0	0	0	0	0
		買掛金支払	0	0	0	1,000	1,500	1,750
		人件費	300	300	500	500	500	500
		その他経費	1,200	1,200	1,200	1,200	1,200	1,200
			0	0	0	0	0	0
		計 (C)	1,500	1,500	1,700	2,700	3,200	3,450
	差引過不足 (B)-(C)=(D)		▲1,500	▲500	300	300	300	50
経常外収支	経常外収入		0	0	0	0	0	0
	経常外支出		5,000	0	0	0	0	0
	計 (E)		▲5,000	0	0	0	0	0
財務収支	収入	借入金	8,000	0	0	0	0	0
	支出	借入金返済	0	95	95	95	95	95
		支払い利息	0	15	15	15	15	15
	財務収支計 (F)		8,000	▲110	▲110	▲110	▲110	▲110
翌月繰越金 (A)+(D)+(E)+(F)=(G)			3,500	2,890	3,080	3,270	3,460	3,400

ステップ⑩　翌月繰越金額の確認

　翌月繰越金額が必ず＋（プラス）になるように計画を立てましょう。

　翌月繰越金額の欄が△（マイナス）になっているということは、資金繰りが回っていない証拠です。

良い資金繰り表と悪い資金繰表の比較

　例として、良い資金繰り表と悪い資金繰り表を比較してみます。

　どちらも売上の計画や経費、借入金の金額返済条件は同じですが、お金の回収期間（入金サイト）、お金の支払い期間（支払いサイト）が異なっています。

良い資金繰り表（入金サイト：短い/支払いサイト：長い）

　しっかりとプラスで推移していることがわかります。

図解7章-27

（単位：千円）

			実績 1 月	予定 2 月	予定 3 月	予定 4 月	予定 5 月	予定 6 月
売上高			0	2,000	3,000	3,500	3,500	3,500
（参考）前年同月の売上高			0	0	0	0	0	0
前月繰越金		(A)	2,000	3,500	2,890	3,080	3,270	3,460
経常収支	収入	現金売上	0	1,000	1,000	1,000	1,000	1,000
		売掛金回収	0	0	1,000	2,000	2,500	2,500
			0	0	0	0	0	0
			0	0	0	0	0	0
	計	(B)	0	1,000	2,000	3,000	3,500	3,500
	支出	現金仕入	0	0	0	0	0	0
		買掛金支払	0	0	0	1,000	1,500	1,750
		人件費	300	300	500	500	500	500
		その他経費	1,200	1,200	1,200	1,200	1,200	1,200
			0	0	0	0	0	0
	計	(C)	1,500	1,500	1,700	2,700	3,200	3,450
	差引過不足 (B)-(C)=(D)		▲1,500	▲500	300	300	300	50
経常外収支		経常外収入	0	0	0	0	0	0
		経常外支出	5,000	0	0	0	0	0
	計	(E)	▲5,000	0	0	0	0	0
財務収支	収入	借入金	8,000	0	0	0	0	0
	支出	借入金返済	0	95	95	95	95	95
		支払い利息	0	15	15	15	15	15
	財務収支計 (F)		8,000	▲110	▲110	▲110	▲110	▲110
翌月繰越金 (A)+(D)+(E)+(F)=(G)			3,500	2,890	3,080	3,270	3,460	3,400

悪い資金繰り表（入金サイト：長い/支払いサイト：短い）

　初めのうちは、自己資金と借入で＋（プラス）になっていますが4月には△（マイナス）になってしまっています。

図解7章-28

（単位：千円）

			実績 1 月	予定 2 月	予定 3 月	予定 4 月	予定 5 月	予定 6 月
売上高			0	2,000	3,000	3,500	3,500	3,500
（参考）前年同月の売上高			0	0	0	0	0	0
前月繰越金		(A)	2,000	3,500	2,890	1,080	▲ 230	▲ 790
経常収支	収入	現金売上	0	1,000	1,000	1,000	1,000	1,000
		売掛金回収	0	0	0	1,000	2,000	2,500
			0	0	0	0	0	0
			0	0	0	0	0	0
		計 (B)	0	1,000	1,000	2,000	3,000	3,500
	支出	現金仕入	0	0	0	0	0	0
		買掛金支払	0	0	1,000	1,500	1,750	1,750
		人件費	300	300	500	500	500	500
		その他経費	1,200	1,200	1,200	1,200	1,200	1,200
			0	0	0	0	0	0
		計 (C)	1,500	1,500	2,700	3,200	3,450	3,450
	差引過不足 (B)-(C)=(D)		▲ 1,500	▲ 500	▲ 1,700	▲ 1,200	▲ 450	50
経常外収支	経常外収入		0	0	0	0	0	0
	経常外支出		5,000	0	0	0	0	0
	計 (E)		▲ 5,000	0	0	0	0	0
財務収支	収入	借入金	8,000	0	0	0	0	0
	支出	借入金返済	0	95	95	95	95	95
		支払い利息	0	15	15	15	15	15
	財務収支計 (F)		8,000	▲ 110	▲ 110	▲ 110	▲ 110	▲ 110
翌月繰越金 (A)+(D)+(E)+(F)=(G)			3,500	2,890	1,080	▲ 230	▲ 790	▲ 850

　資金繰り表は、将来の資金繰りを予測するために作ります。

　実際に事業を開始したら、実績に書き換えていく作業を行いましょう。

　予定通りにいかないことも多いです。予測と実績を繰り返しながら、資金繰りの管理を行っていくようにしましょう。

【資金繰り悪化の原因とは？】

ビジネスでは、何が起こるかわかりません。

しっかりと資金繰りの管理をしていたつもりでも、資金繰りが悪化してしまった。本業で忙しく管理できなった、ということもあるでしょう。

重要なことは、資金繰り悪化に一早く気づき対応することです。また、他社の失敗理由を学び、事前失敗を避けることも重要です。

主な資金繰り悪化の原因について学んでいきましょう。

よくある資金繰り悪化の原因は次の5つです。

原因①　売上の急拡大
原因②　売上の減少・コスト高騰
原因③　過剰な投資
原因④　不良在庫を抱えている
原因⑤　売上だけを追って利益を見ていない

それぞれ詳しく解説していきます。

原因①　売上の急拡大

売上が急激に拡大した時は、特に注意が必要です。売上が大きくなれば、当然その分仕入れも増えます。

もし、売掛金回収サイトよりも、買掛金回収サイトが短い場合、数日後には大きな売上が入金になるのにも関わらず、増えた分の仕入れ代金が支払えないという状況に陥ってしまいます。

最悪の場合、「黒字倒産」になります。資金繰りの管理をせず、売上の数字ばかりを追っていると、このような事態に陥ります。

実は、黒字倒産の件数は意外にも多く、2020年の東京商工リサーチの調査によると、2020年に倒産した340社のうち、44.8％が売上を維持、または増収した状態で倒産しています。倒産している企業の約半分近くが、黒字倒産をしているということです。

　対応策：融資を受ける
　金融機関から融資を受けて入金のタイミングまでしのぎましょう。売上が急拡大していることを示すことができれば、融資が受けられる確率はかなり高くなります。
　しかし、金融機関も今日明日で融資を実行することはできません。
　あらかじめ資金繰りをしっかり管理し、現金の不足を予想し、早め早めに金融機関に相談することが重要です。

原因②　売上の減少・コスト高騰
　原材料等の値上がりや売上減少により打撃を受けたケースです。
　感染症の世界的拡大や日本国外の紛争等で、急激な売上減やコスト高騰に見舞われた企業も少なくありません。
　外国人観光客を受け入れてきた旅館等は休廃業を余儀なくされていますし、小麦等の高騰でパンをはじめとした多くの製品が値上げをしています。
　営業努力ではどうにもならないことが原因で、資金繰りが行き詰まることもあるものです。

　改善策：固定費等の見直しに取り組む
　売上が減少すれば資金繰りが悪化するのは当然です。
　営業努力はすでに十分されているでしょうから、支出を抑制することに注力しましょう。
　まず取り組むべきは固定費の見直しです。家賃や人件費等の固定費

を削減できないか検討してください。

　不採算事業を抱えているなら一度撤退することも有効です。

　ただし、固定費を見直しても、微々たる削減にしかなりませんし、人件費削減も、減給という意味ではなく、人員の配置転換など適材適所に再配置して経営資源を有効に配分しているかなどの経営者の資質の問題です。今一度、経営資源の確認と適正な再配分を検討しましょう。

　売上減少、コスト高騰で課題を抱えているなら、費用の削減を実施した後には、必ず売上を増加させるための戦略がカギとなってきます。

原因③　過剰な投資

　投資額が多すぎてキャッシュが足りなくなるケースです。

　新製品開発のために高額な機械設備を投入したけれど、想定よりも売上が伸びなかったという場合もこれに当たります。新事業が予想どおりに伸びるかどうかは蓋を開けてみなければ分からないものです。

　改善策：売却・リースで現金化

　機械設備が売却できるようなら売却しましょう。

　利益を生み出していない資産がないか確認し、不要な資産は売却して当面のキャッシュを確保してください。

　購入ではなくリースにすることも、資金繰り改善に役立ちます。

　貸借対照表の固定資産の部をチェックして、現金化できるものがないかチェックしていきましょう。

原因④　不良在庫を抱えている

　不良在庫を抱えていると、資金繰りの悪化に繋がります。

　売れなかった商品は、仕入のコストを支払っているのに、支払った分を回収できていないことになります。

その分の仕入れに回せる現金が少なくなります。

そして、在庫を保管するスペースにもお金がかかりますし、大量の不良在庫により、管理が行き届かなくなってしまったり、新たな商品を保管するスペースがなくなるなどの不良在庫から招かれる支出が資金繰りの悪化につながっていきます。

「いつか売れる」と思い保管を続けていても、月日とともに商品の価値は下がっていきます。

このような積み重ねが資金繰りを悪化させます。

改善策：不良在庫の管理を徹底する。

不良在庫が放置されている原因は、在庫管理が徹底されていないためです。少なくとも、毎月在庫の出入りを正確に把握し、不良在庫にならないよう注意しましょう。

在庫が少なくて倒産する会社は聞いたことはありませんが、過剰在庫が原因で倒産する会社はあります。

原因⑤　売上だけを追って利益を見ていない

いくら売り上げていても、利益が出ていなければ事業は継続できません。つい売上を注視してしまいますが、売上だけにとらわれず、きちんと営業利益がでているのかに注目しましょう。

もう一つのポイントは、売上高に注視してしまう場合は、粗利益を追ってください。粗利益とは、売上高から仕入などの売上原価を差し引いた金額を粗利益または売上総利益といいます。

各商品サービスごとの売上高を管理するのではなく、必ず、売上高の隣には粗利益率と粗利益額を並列させて管理をすることをおすすめします。

利益が少なければ会社に残るお金も少なくなり、当然、経営が悪化

します。また、融資を受ける際に影響を及ぼします。融資の返済は利益の中から行っていくため、利益が少なければ、借入金の返済もできません。

　利益のない会社が融資を希望しても、返済の見込みがないと判断され、融資は受けられなくなってしまいます。

　売上の数字だけにとらわれず、営業利益にも注目して、今の営業活動がどれだけの利益を生み出しているのかを確認するようにしましょう。

【会社設立３年で年商6,000万円まで成長したWEB制作会社が倒産の危機に陥ってしまった恐怖の体験談】

　最後に、資金繰りの管理不足により黒字倒産の危機に陥ってしまったIT社長の実体験を紹介します。

　他社の失敗から学び、同じ失敗を繰り返さないようにしましょう。

倒産の危機に陥るまでの経緯

（１）年収600万円のフリーランス時代に会社設立を決意

（２）会社設立１年目にして年商2,000万円達成

（３）会社設立２年目で年商4,000万円達成。
　　　トラブル発生するも、なんとか難を逃れる。

（４）会社設立３年目にして年商6,000万円達成の目前で銀行の現金残高がほぼ０円。倒産の危機に。

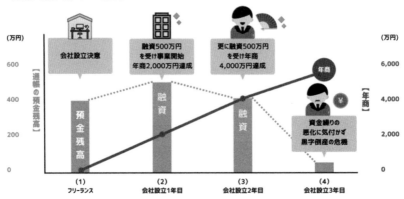

図解 7 章-29-1

（1）年収600万円のフリーランス時代に会社設立を決意

　2015年4月　新卒で入社し5年務めたシステム・アプリ制作会社を退職

　2015年5月〜2018年3月　フリーランスのシステムエンジニアとして3年間活動。年収600万円と安定的に稼ぐことができるようになっていたが、売上をさらに拡大できる見通しがたち、顧客の要望に体系的に対応していきたいという想いから、会社の設立を決意した。

主な出来事

　年収600万円を捨て、会社設立を決意

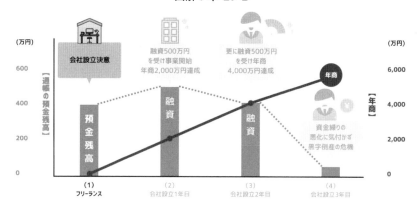

図解7章-29-2

（2）会社設立1年目にして年商2,000万円達成

2018年4月　WEBサイト制作会社を設立

日本政策金融公庫より500万円の融資を受けて事業を開始

従業員：1名（WEBデザイナー）

　フリーランス時代に知り合ったWEBデザイナー1名を従業員として迎え事業をスタート。

　社長となったA氏自身は、営業とシステムエンジニアを担当している。

　創業当初は、フリーランス時代の繋がりから受注の目途が立っていたが、WEBサイト制作という、単発的なサービス提供である性質上、継続的な受注は難しい。そこで、社長のA氏は、「とにかく新規顧客を獲得して売上を上げたい！」という考えから、WEB広告を大量にかけ、集客を行うこととした。

　その結果、会社設立1年目にして年商2,000万円を達成した。

主な出来事

　・WEB制作会社を設立

・新規顧客獲得のためWEB広告を大量にかけた

・年商2,000万円達成

図解 7 章-29-3

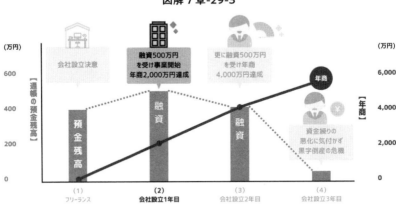

（3）会社設立 2 年目で年商4,000万円達成。トラブル発生するも、なんとか難を逃れる。

　　従業員：2 名（WEBデザイナー 1 名、アシスタント 1 名）＋従業員のみで対応できないものは外注を利用

　1 年目にWEB広告を大量にかけたおかげで、問合せも増え順調に売上が伸びた成功体験から、さらにWEB広告をかけ新規顧客の集客を行った。社長A氏の想定通り受注も増え、売上はぐんぐん伸びた。

　そんな、事業が順調に進んでいた矢先に、外注先との取引停止などのトラブルで、受注が増加するも外注に依頼することができず、製作が追い付かない状態に。納品ができない月が 2 ヵ月と続いてしまった。

　そこで、アシスタント兼経理担当が、会社の通帳を確認。

　毎月の支払を終えると、通帳の残高は減っているにも関わらず、来月の入金が見込めないことに気づき、社長に報告をした。

　社長のA氏は、あわてて銀行に相談。

売上が順調に上がってきていることが幸いし、なんとか運転資金として無事500万円の融資を受けることができ、難を逃れることができた。

　トラブルが発生したものの、会社設立2年目にして年商4,000万円達成することができた。

主な出来事
- ・新規顧客獲得のためにさらにWEB広告をかけた
- ・外注先との取引停止、納品や売上の入金が全て遅れる
- ・銀行の現金残高がほとんどないことが発覚
- ・銀行から運転資金500万円の融資を受け、難を逃れる
- ・年商4,000万円達成

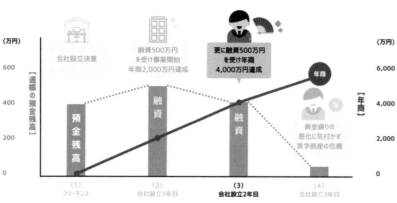

図解7章-29-4

（4）会社設立3年目にして年商6,000万円達成の目前で銀行の現金
　　 残高がほぼ0円。倒産の危機に。
　 従業員：3名（WEBデザイナー1名、システムエンジニア1名、
　　　　　 アシスタント1名）＋従業員のみで対応できないものは外
　　　　　 注を利用

前期はトラブルがあったものの、銀行の融資を受け、難を逃れることができた。

　社長のA氏は、融資を受けたことで手元資金に余裕ができたことから、さらにWEB広告をかけ、新規顧客の集客を行った。幸い、今回も社長A氏の想定通り、売上はさらに伸びていった。

　しかし、社長A氏は売上が伸びているのに、どんどん銀行の現金残高が無くなっていくことに気づく。

　その事態に不安を覚えた社長A氏は、売上は伸びているのだから、もっと新規顧客を獲得すればこの問題は解決するだろうと考え、さらに新規顧客の獲得に注力し年商6,000万円達成目前というところまで来ていた。

　一方、アシスタント兼経理担当は、新規顧客の対応作業に追われ、経理業務はおろそかになっており、毎月の支払の業務をするだけの日々が数ヵ月続いていた。

　社長A氏は売上が順調に上がっていることから、気にもとめていなかった。

　そんな中、受注増加で製作が追いつかず、納品が遅れ、それに伴い売上代金の入金も1ヵ月遅れとなってしまう。ここで、あわてて通帳の残高を確認すると、預金がほとんどないことに気づく。

　社長A氏は再び銀行に相談するも、これ以上の融資はできないと断られてしまい、売上が伸びているにも関わらず、手元の現金がないために毎月の人件費の支払いや融資の返済ができなくなり、いわゆる黒字倒産の危機に陥ることとなってしまった。

　売上が順調に上がっているからと、資金繰りが悪化していることに全く気付くことができなかった、社長の放漫さと知識不足の結果である。

主な出来事

・融資を受けたお金で新規顧客獲得のためにWEB広告をかける
・現金残高が減っていることに気づくも対応策は検討せず
・受注の増加で製作が追い付かず、納品遅れが発生。それに伴い売
　上代金の入金が１ヵ月遅れる
・再び、銀行の現金残高がほとんどないことが発覚
・銀行に融資の相談をするも断られる
・毎月の支払、融資の返済ができず倒産の危機に陥る

図解７章-29-5

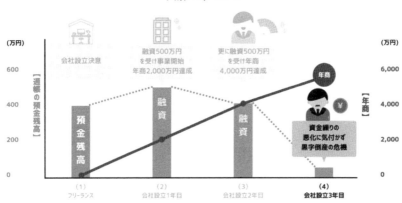

【IT社長が倒産の危機に陥った３つの原因とその対策方法】

　売上が順調に伸びていたにもかかわらず、倒産の危機に陥ってしまったIT社長。

　なぜ、倒産の危機に陥ってしまったのでしょうか？

　起業コンサルタント税理士の独自の視点で、倒産の危機に陥ってしまった原因と、その対策方法について解説していきます。

　IT社長が倒産の危機に陥ってしまった原因は主に次の３つです。

①入金と支払いのサイト＝資金繰りの管理がおろそかになっていた。
②継続的に販売できる商品・サービスがなかった。
③新規顧客の獲得に焦点をあててコストをかけすぎていた。

　１つずつ解説していきます。

①入金と支払いのサイト＝資金繰りの管理がおろそかになっていた
　今回のケースでは、社長と、経理担当の知識不足、管理不足による資金繰りの悪化が倒産の危機に陥ってしまった一番の原因です。

　WEBサイト制作事業の性質上、受注契約をしてから、売上代金が入金になるまで短くて３ヵ月、長いものでは５ヵ月先になります。
　売上は、通常受注契約をした時点で、会計ソフトなどの帳簿上は売上として計上されますが、実際の売上代金の入金は３〜５ヵ月後になります。そのため、帳簿上の売上と通帳の残高は一致しません。

図解7章-30

受注から売上代金入金までのスケジュール（納品後翌々未入金の契約の場合）

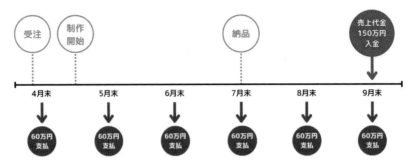

図解 7 章-31

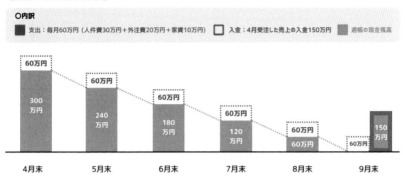

【通帳の現金残高の推移】

〇内訳

支出：毎月60万円（人件費30万円＋外注費20万円＋家賃10万円）　入金：4月受注した売上の入金150万円　通帳の現金残高

| 4月末 | 5月末 | 6月末 | 7月末 | 8月末 | 9月末 |

60万円 / 300万円、60万円 / 240万円、60万円 / 180万円、60万円 / 120万円、60万円 / 60万円、60万円 / 150万円

　例えば、4月に受注を受け、5月から製作開始、7月末に納品した場合、納品から翌々月末入金の契約を結んでいた場合、売上の入金は9月です。

　売上が入金になるまでの4月〜9月の6ヵ月間は、当然のように毎月の家賃や人件費の支払いが発生します。

　つまり、売上の入金がないのにも関わらず、6ヵ月分の家賃や人件費の支払いを行わなければなりません。

　そうなると、当然のことながら資金が回るはずがありません。

　今回のケースのように、社長が帳簿上の売上だけに注目してしまっていると、実際の通帳の残高とのギャップに気づくことができなくなってしまうのです。

　1年目は創業融資を借りていたことや、受注件数がまだ少なかったことから、資金繰りはかろうじて回っていたものの、2年目では一度、資金繰りのピンチに見舞われています。

　2年目は、売上が伸びていたことが幸いして、銀行から融資を受けることで難を逃れることができましたが、3年目は、融資を受けるこ

とができず、売上が伸びているものの資金繰りが回らなくなり、黒字倒産の危機に陥ってしまっています。

対策方法

　売上代金の入金のタイミングと、支払のタイミングのスケジュール管理を徹底し、現金に余裕を持つ。

　資金繰りに余裕がなくなってきた場合は、一時受注を停止する、着手金を取る、銀行に融資を相談するなど早急に対応する必要がある。

②継続的に販売できる商品・サービスがない

　新規顧客へのWEBサイト制作の受注は１件の売上金額が大きいことから、新規顧客の獲得だけで売上の最大化を図ろうとして、既存の顧客へ継続販売できるサービスや商品を提供できなかったことも倒産の危機に陥った原因の一つです。

対策方法

　既存の顧客に継続的に販売できる商品を提供し、安定的な収入源を確保しましょう。

　ある程度顧客が増えてきたら、既存顧客に継続的に販売できる商品・サービスを提供し、安定的なストック型の収入が得られる仕組みを作りましょう。

　WEBサイト制作の事業の性質上、一度販売すると継続的な受注にはつながりにくいため、既存顧客に継続的に販売できる、月額制のWEBサイトの運用・保守サービスや、ネット広告支援などWEBサイトに付随する継続的なサービスに注力していくことをおすすめします。

WEBサイトの運用サービスは、継続性が高い上に、実際の作業量は少なく、コストも多くかからず、利益が大きいです。そのため、顧客数が増えるほど安定的な収入になります。

　月額制のため、売上は1社あたり1,000円～50,000円程度と大きくありませんが、安定的な成功のためには、継続性のある「WEBサイト運用・保守サービス」の割合を増やしていくことをおすすめします。

③新規顧客の獲得にコストをかけすぎていた

　新規顧客の獲得に焦点をあて、WEB広告費などのマーケティングコストをかけすぎていたことも倒産の危機に陥った原因の一つです。

　新規顧客の獲得には、既存の顧客に追加商品を購入してもらうより5倍のコストがかかると言われています。

　今回のケースでは、WEB広告をかければかけるほど売上が伸びたことから、2年目も3年目も多額のWEB広告費をかけていました。その結果、売上は伸びていたものの、WEBサイト制作業務に関わる、WEB広告費などのマーケティングコストや人件費などを考えると、利益自体は少ないものになってしまっていることが考えられます。

　利益が少なければ、困った時に銀行に融資の相談をしても、返済の見込みがないと判断されてしまいます。

対策方法

　既存の顧客に継続的に販売できる商品にマーケティングコストをかけるようにしましょう。

　新規顧客の獲得のためばかりにコストをかけるのではなく、既存の顧客に対して継続的販売できる商品に、マーケティングコストをかけるようにしましょう。

　当然、会社設立初期の段階では、新規顧客の獲得のためにマーケテ

ィングコストをかける必要がありますが、中長期的に安定した事業を
継続していくためには、既存の顧客に対して、継続的に売上を獲得で
きる商品を提供していく必要があります。

　一般的に、既存の顧客に向けてかけるマーケティングコストは、新
規顧客の獲得にかかるコストの５分の１で済むと言われていますの
で、経費を大きく削減することができ、結果的に利益を増やすことが
できます。

財務指標による会社の定期点検

　会社の財務状況の悪化の判断は正直難しいものです。自分では気づ
かないところに、事業の失敗原因が隠れていることもあります。
　そのため、会社の財務状況も定期的な点検が必要です。
　人間が、定期的に健康診断を受け、身長・体重・血圧・コレステロ
ール値・尿酸値などを数値化して病気の危険性がないかチェックする
のと同様に、会社は財務指標を使い、会社の収益性や安定性、倒産の
危険性などを数値化してチェックしていきます。
　また、今まで気づけなかった経営の課題を発見したり、改善策を見
出したり、会社にとって今やるべきことは何なのかを判断するために
役に立ちます。

　「財務」となると、苦手意識を持つ人も多いかもしれませんが経営に
おいて財務分析は必須です。
　丁寧に解説していきますので、一緒に学んでいきましょう。

【財務分析の前に決算書の読み方を知る】
　財務分析をするためには、決算書の読み方を知らなくてはなりませ

ん。決算書の基礎について解説していきます。

　決算書とは、一定期間の会社の経営成績や財政状態を表す書類で「貸借対照表」「損益計算書」「キャッシュフロー計算書」の３つのことを指します。これら３つは財務三表と呼ばれ、重要視されています。
　決算書は本来、利害関係者（株主・銀行・取引先等）に対して経営成績、財政状態を報告する目的を持ったものです。

　財務三表をそれぞれ詳しく解説していきます。

（１）「貸借対照表」（B/S）とは
　貸借対照表とは、一定の時点における財政状態を示すものです。
　会社の保有資産と資金調達の状況を一覧にしたもので、貸借対照表からは、会社の安全性を見ることができます。
　英語で「Balance Sheet」略してB/S（ビーエス）と表記されることが多いです。

　貸借対照表は、次の図のような構成になっています。

貸借対照表　安全性分析

```
[ 資産の部 ]                    [ 負債の部 ]

 I. 流動資産                     I. 流動負債

 II. 固定資産                    II. 固定負債
    有形固定資産
      ・ 建物、機械、車など      [ 純資産の部 ]
    無形固定資産
      ・ 特許権、商標権など      I. 資本金等
    投資その他の資産
      ・ 株式、長期貸付金など    II. 利益等
```

他人資本

自己資本

左側に資産、右側に負債と純資産を記載します。

資産とは…現金、商品、建物や土地など会社の財産のことです。

負債とは…将来返さなければならない会社のお金です。他人資本とも言い、金融機関からの借入金や、会社がまだ支払っていない商品代金などです。

純資産とは…会社の純粋なお金です。自己資本とも言い基本的には返済不要です。株主が出資した資本金や利益剰余金などの会社がこれまで蓄積してきた利益のことをいいます。

　左側の資産を手に入れるためには、元となるお金が必要です。その元となるお金をどのように調達したのかを表しているのが、右側の「負債（他人資本）」と「純資産（自己資本）」です。そのため左右の合計額は同じになります。

　ここで簡単に「負債（他人資本）」より「純資産（自己資本）」の割合が大きい方が、安全な経営をしているという判断ができます。返済

しなければいけないお金がたくさんあるのは、やっぱり不安ですよね。

このように財務分析とは、決算書等の数字から、様々なことを読み解いていく作業なのです。

もう少し貸借対照表の中身について詳しく見ていきましょう。

資産の部
Ⅰ．流動資産…１年以内に現金化できる資産です。具体的には、現金や預金、売掛金、短期貸付金などです。

Ⅱ．固定資産…１年以内に現金化しない資産です。有形固定資産・無形固定資産・投資その他資産などに分類されます。有形固定資産は、建物や機械装置、車両などの形の有る資産のこと、無形固定資産は特許権や商標権、ソフトウェアなどの形の無い資産のこと、投資その他資産は、株式や長期貸付金などが該当します。

資産は、上から順に現金化が早いものから並んでいます。

負債の部
Ⅰ．流動負債…返済期限が１年内の負債です。具体的には、買掛金や短期借入金などです。

Ⅱ．固定負債…返済期間が１年を超える負債です。金融機関からの長期借入金などです。

純資産の部
Ⅰ．資本金等…会社の元手。株主が出資した資本金のです。

Ⅱ．利益等…　会社がこれまで蓄積してきた利益です。１年間の利益ではなく、会社が設立されてから、今までの利益

の累計額です。

　貸借対照表の右側は、上から順に支払い期日が早いものから並んでいます。

健全な貸借対照表と不健全な貸借対照表
　貸借対照表の構造を理解したところで、目指すべき貸借対照表とはどのようなものなのか、「健全な貸借対照表」と「不健全な貸借対象表」を比較しながら解説していきます。

　「健全な貸借対照表」は、「負債（他人資本）」より「純資産（自己資本）」の割合が大きいほど健全な貸借対照表です。目安としては、自己資本比率30％以上、目標は自己資本比率60％です。
　※自己資本比率＝自己資本÷総資産×100

　「不健全な貸借対象表」は、「純資産（自己資本）」より「負債（他人資本）」の割合が大きいほど、不健全な貸借対照表であるといえます。

図解 7 章-33

「健全な貸借対照表」

資産	負債
	純資産

「不健全な貸借対象表」

資産	負債
	純資産

　さらに、倒産危険が高い貸借対照表を見てみましょう。

「倒産の危険性の高い貸借対照表」＝債務超過の状態

　資産より負債の方が大きくなってしまっている状態です。つまり、持っている資産より、会社が抱えている負債、買掛金や借入金等が多いということです。

　全ての資産を売却したとしても、負債の返済がしきれない状態に陥っているということです。倒産の危険性がかなり高くなっています。

　貸借対照表の基本は以上です。自社の貸借対照表はどれに当てはまりますか。利益を上げ、純資産を増やし、「健全な貸借対照表」を目指しましょう。

（2）「損益計算書」（P/L）とは

　損益計算書とは、一定期間の経営成績を示します。

　一定期間内で、どれくらい売上げたのか、対してどれくらい費用がかかったのか、そしてどれくらい利益が出たのかを一覧にしたものです。

　損益計算書からは、会社の「儲ける力」を見ることができます。

　英語で「Profit and Loss statement」略してP/L（ピーエル）と表記されることが多いです。

　損益計算書は、次の図のような構成になっています。

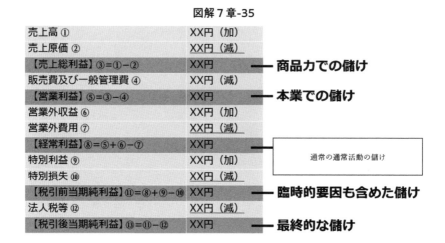

図解 7 章-35

売上高 ①	XX円 （加）
売上原価 ②	XX円 （減）
【売上総利益】③＝①－②	XX円 — **商品力での儲け**
販売費及び一般管理費 ④	XX円 （減）
【営業利益】⑤＝③－④	XX円 — **本業での儲け**
営業外収益 ⑥	XX円 （加）
営業外費用 ⑦	XX円 （減）
【経常利益】⑧＝⑤＋⑥－⑦	XX円 — 通常の通常活動の儲け
特別利益 ⑨	XX円 （加）
特別損失 ⑩	XX円 （減）
【税引前当期純利益】⑪＝⑧＋⑨－⑩	XX円 — **臨時的要因も含めた儲け**
法人税等 ⑫	XX円 （減）
【税引後当期純利益】⑬＝⑪－⑫	XX円 — **最終的な儲け**

　損益計算書には、５つの利益が表示されています。

　・売上総利益（この売上総利益を粗利益と呼ぶ場合もあります）

　・営業利益

　・経常利益

　・税引前当期純利益

　・税引後当期純利益

　この利益の違いについて理解することが重要ですので、詳しく解説していきます。

　損益計算書の上から順に、売上高、売上原価と並び、売上総利益が算出されます。

　売上総利益とは商品力での儲けを指し、売上から仕入や材料費、製造コストなどの売上原価を差し引いて算出したものです。

　次に販売費及び一般管理費が引かれ営業利益が算出されます。

　営業利益とは、本業での儲けを指し、売上総利益から、営業活動で必要な、販売費及び一般管理費を差し引いて算出したものです。

　さらに営業外収益と営業外費用と並びます。

　営業外利益は、受け取り利息や配当金、給付金などの本業以外での

収益を、営業外費用は、支払い利息などの本業以外での費用を計上します。

　営業利益と営業外収益から営業外費用を差し引いて、経常利益が算出されます。経常利益とは、会社が通常行っている営業活動の中で得た儲けのことです。

　続いて特別利益・特別損失とは、通常の営業活動以外での突発的な利益や損失のことです。固定資産の売却で得た利益や、投資有価証券の売却での損失などです。

　経常利益と特別利益から特別損失を差し引いて求められるのが、税引前当期純利益です。

　さらにそこから、法人税等の税金を差し引いたものが、税引後当期純利益＝会社の最終的な儲けとなります。

損益計算書の見るべきポイント

　損益計算書は、会社の「儲ける力」を見ることができます。

　では、損益計算書のどこに注目すべきなのでしょうか？

　答えは、「経常利益」です。経常利益が大きければ大きいほど、「儲かる事業をしている」といえます。

　会社の儲ける力をはかる尺度として、「売上高経常利益率」というものがあります。

「売上高経常利益率」とは、売上高に対する経常利益の割合のことで、次の計算式により求められます。

「売上高経常利益率」（％）＝経常利益÷売上高×100

　売上高経常利益率は、数値が大きければ大きいほど儲ける力が大きいことを意味しますが、まずは目標を決めておくことをおすすめします。

目指すべき売上高経常利益率は業種によって異なりますが、もし目標の見当がつかない場合は、一つの目安として、「売上総利益率」×20％の数値を目指すようにしましょう。

（目指すべき経常利益率の求め方）
①売上総利益率を求める
　売上総利益率（％）＝売上総利益÷売上高×100
②目指すべき売上高経常利益率を求める
　目指すべき売上高経常利益率（％）＝売上総利益率（％）×20％

例えば、売上総利益が2,500万円、売上高が5,000万円のA社の場合、
①売上総利益（％）＝25,000,000÷50,000,000×100＝50％
②50％（売上総利益）×20％＝10％
　A社の目指すべき売上高経常利益率は10％です。
　実際の売上高経常利益率は、4,875,000÷50,000,000×100＝9.75％であるため、なかなか良い水準であると言えます。

　このように売上高経常利益率は、自社の儲ける力を見るだけでなく、同業他社と比較するときなどに使うことができます。

「貸借対照表」と「損益計算書」の関係性
　「貸借対照表」と「損益計算書」の基本を理解したところで、次に「貸借対照表」と「損益計算書」の関係性について解説していきます。
　「貸借対照表」と「損益計算書」は、実は連動をしています。
　会社は常に、①お金を集め、②投資を行い、③利益を上げ、その利益を再投資することを繰り返しています。
　「貸借対照表」と「損益計算書」上でも同じことを確認できます。

次の図を見ながら確認していきましょう。

図解 7 章-36

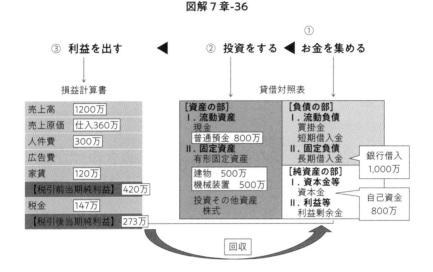

①お金を集める

　事業を始めるためにはお金を集める必要があります。

　基本的に、自己資金を出資します。これは、貸借対照表の右下、資本金の部分に当たります。

　例として資本金800万円とします。

　次に、自己資金だけでは足りない分を、銀行などから融資を受け調達します。これは返済義務のあるお金であるため、右上の負債の部の固定負債の長期借入金の部分に当たります。例として銀行からの借入を1,000万円とします。

　このように、貸借対照表の右側は、資金の調達方法を表しています。

②投資をする

　次に、集めたお金で投資をしていきます。集めたお金合計1,800万円を、店舗の建物に500万円、機械装置に500万円投資します。

貸借対照表の左下の資産の部の固定資産の有形固定資産の建物に500万円、機械装置に500万円と入ります。

　残りの800万円は預金として普通預金に入金されているため、左上の資産の部の流動資産の普通預金に800万円と入ります。

③利益を出す

　次に会社のメインの活動、利益を出す活動に移っていきます。

　利益を上げるためには、商品を仕入たり、人を雇ったり、家賃を払ったりと、継続したコストが必要になります。

　貸借対照表の普通預金800万円から出ていくようになります。

　例として、商品の仕入360万円、人件費300万円、家賃120万円とします。

　これらのような営業費用は資産ではなく単純に出ていくお金であるため、貸借対照表上には載りません。ここで損益計算書が登場します。それぞれ損益計算書に入れていきます。

　損益計算書の上では、仕入360万円、人件費300万円、家賃120万円を支払い、商品を提供して、売上1,200万円を上げていきます。残った利益420万円に税金を計算して、仮に法人税等が147万円であれば、税金控除後の税引後利益として273万円が残りました。ここまでが、損益計算書に表示されます。

　残った利益273万円は、貸借対照表の右下純資産の部である、利益剰余金273万円として利益が蓄積されていきます。

　この利益剰余金を事業に再投資して、仕入れや、人件費などを支払い、売上を計上して、利益を残し、税金を納付後に残った利益が、再度、貸借対照表の右下純資産の部の利益剰余金にさらに蓄積され、再

度投資をして、という形で貸借対照表と損益計算書を循環していきます。

（3）「キャッシュフロー」（C/F）とは

キャッシュフロー計算書とは、一定期間の現金の増減を示します。

英語で「Cash Flow Statement」略してC/F（シーエフ）と表記されることが多いです。

どのようなお金が入り、どのようなお金が出ていったのか、お金がどのように流れ、現在のお金の状況はどうなっているのかを示すものです。キャッシュフロー計算書は非上場企業の場合、作成は義務付けられていません。そのため、今回は、割愛します。

決算書の基本や見方は以上になります。早速、次からは財務分析について解説していきます。

【財務指標を使った会社の定期点検】

これまで学んだ決算書を基に、会社の定期点検を行っていきましょう。

決算書を分析する際には、次の４つの視点があります。

（１）収益性分析
（２）安全性分析
（３）成長性分析
（４）生産性分析

それぞれ解説していきます。

（１）収益性分析

収益性分析では、会社が持っている儲ける力の大きさをチェックす

ることができます。

　収益性が高ければ高いほど利益を生み出す力が強いといえます。

　これから紹介する指標を利用することで、規模の違う会社を比較できます。収益性分析で用いられる指標は次の５つのです。

　①売上高総利益率（粗利率）
　②売上高経常利益率
　③総資産経常利益率（ROA）
　④自己資本利益率（ROE）
　⑤総資本回転率

　それぞれ詳しく解説していきます。

①売上高総利益率（粗利率）
　売上総利益率は、「粗利率（あらりりつ）」とも言われ、販売している商品やサービスの利益率が高いかどうかを表す指標です。一言でいうと「商品力」です。先程、損益計算書の解説内でも一度登場しています。

　この指標は高ければ高い方が良い指標です。

　損益計算書の売上総利益と売上高を使い算出します。

　計算式は次の通りです。

　売上高総利益率（％）＝売上総利益÷売上高×100

　売上高総利益率が高い場合は販売商品やサービスの質が高いと判断できます。

　逆に低い場合は原価率が高くなっている、販売単価が下落している、商品サービスの競争力が落ちていると考えられます。また、社会

の景気にも影響されやすく、景気が良いと高く、景気が悪いと低くなる傾向があります。

売上総利益率の目安

　売上総利益率は、業種ごとに大きく異なります。

　次の図の業種別の目安を参考にしてください。

図解7章-37 【中小企業の業種別売上総利益率】（参照　平成30年　中小企業実態基本調査）

業種	売上高総利益率(%)
建設業	21.15
製造業	21.87
情報通信業	46.36
運輸、郵便業	25.61
卸売業	14.97
小売業	30.51
不動産業、物品賃貸業	43.30
学術研究、専門・技術サービス	50.57
宿泊、飲食サービス業	61.97
生活関連サービス・娯楽業	33.96
サービス業（その他）	40.15

〈売上総利益率の改善方法〉

　ご自身の業種の平均値と比較して平均より低い場合は、競争力が低いことになりますので、取引相手や商品サービスを再検討したり、仕入や生産にかかる費用を削減するなど、早急に手を打つ必要があります。

　多数の商品サービスを扱っている場合は、それぞれの売上総利益率と、売上総利益金額を出して、どの商品サービスが良く「数」が売れているのか、どの商品サービスが良く売上総利益「金額」を稼ぎ出し

ているのかを分析していきましょう。

②売上高経常利益率
　売上高経常利益率は、会社の本来の営業活動による本業での稼ぐ力と、支払利息や受取利息などの本業以外の損益を含む、会社の総合的な稼ぐ力を表すものです。

　高い水準の営業収益に、資産運用などの本業以外の収益が上乗せされている状態が理想的な経営状態とされ、逆に売上高営業利益率に比べて、経常利益率が大きく下回っているとした場合には、財テクや資金調達で失敗している場合があり注意が必要です。

　経常利益は、損益計算書の中で最も重要視されます。なぜかというと、会社は安定的に継続して利益を上げることを目的としているので、経常利益は会社の真の実力を示していると言えるからです。
　この指標も高ければ高い方が良い指標です。
　損益計算書の経常利益と売上高を使って算出します。
　計算式は次の通りです。

　売上高経常利益率（％）＝経常利益÷売上高×100

売上高経常利益率の目安
　売上高経常利益率は業種ごとに平均値が違います。
　目安の売上高経常利益率の見当がつかない場合は、先に説明した売上高総利益率の20％を目標にするといいです。
　次の図の業種別の目安を参考にしてください。

図解7章-38 【中小企業の業種別売上高経常利益率】(参照　令和元年　中小企業実態基本調査)

業種	売上高経常利益率(%)
建設業	4.92
製造業	4.45
情報通信業	5.91
運輸、郵便業	3.05
卸売業	2.10
小売業	1.47
不動産業、物品賃貸業	8.95
学術研究、専門・技術サービス	7.81
宿泊、飲食サービス業	2.60
生活関連サービス・娯楽業	2.25
サービス業(その他)	5.02

〈売上高経常利益率の改善方法〉

　平均や目標より低い場合は、売上高総利益率を意識し、原価をなるべく抑えて売上を高くすることや、商品販売に必要な費用を抑える、売上総利益率が高く成長しそうな商品サービスに注力する、もしくは、売上総利益率が高い商品サービスを開発するなどの手を打つことが必要です。

③総資産経常利益率(ROA)

　総資産経常利益率は、会社の全資産をどれだけ効率的に活用して利益を上げているかを表す指標です。

　英語で「Return On Assets」と言い、ROAと略されます。この指標も高い方が良い指標です。

　損益計算書の経常利益と、貸借対照表の総資産を使って算出します。

　総資産とは、会社が持っている全ての資産であり、貸借対照表の、左側に表示されている全項目の合計です。

計算式は次の通りです。

総資産経常利益率（ROA）＝経常利益÷総資産×100％

図解7章-39

貸借対照表	損益計算書

売上高
売上原価
【売上総利益】
販売費及び一般管理費
【営業利益】
営業外収益
営業外費用
【経常利益】
特別利益
特別損失
【税引前当期純利益】
法人税等
【税引後当期純利益】

総資産経常利益率ROAの目安

　一般的に、総資産経常利益率ROAが5％を超えていると優良企業であると言われています。目標5％、理想10％以上を目指しましょう。

〈総資産経常利益率ROAを高くするための改善方法〉
　総資産経常利益率ROAを高くするためには
・商品の原価を抑え売上高を増やす、商品販売に必要なコストを削減し収益性を高める
・不良在庫や営業で使用していない遊休資産を処分し無駄な資産を

減らす

　過剰な投資をしなくても、利益を生み出すことを考えていき、上記を行うことで総資産経常利益率ROAを高めることができます。

④自己資本利益率（ROE）

　自己資本利益率は、自己資本（純資産）をどれだけ効率的に活用して利益を上げているかを表す指標です。

　純資産とは、返済の必要のない、会社の純粋なお金のことです。株主が出資した資本金や会社がこれまで蓄積してきた利益のことです。返す必要のない自己資金だけで、どれだけ利益を得られたかを見ていきます。英語で「Return On Equity」と言い、ROEと略されます。

　この指標も高い方が良い指標です。

　損益計算書の税引後当期純利益と貸借対照表の純資産（自己資本）を使って算出します。

　計算式は次の通りです。

　自己資本利益率（ROE）＝ 税引後当期純利益 ÷ 自己資本 × 100

図解 7 章-40

貸借対照表

[資産の部]	[負債の部]
I.　流動資産	I.　流動負債
II.　固定資産 有形固定資産 ・建物、機械、車など 無形固定資産 ・特許権、商標権など 投資その他の資産 ・株式、長期貸付金など	II.　固定負債 他人資本
	[純資産の部] I.　資本金等 II.　利益等 自己資本

損益計算書

売上高
売上原価
【売上総利益】
販売費及び一般管理費
【営業利益】
営業外収益
営業外費用
【経常利益】
特別利益
特別損失
【税引前当期純利益】
法人税等
【税引後当期純利益】

自己資本利益率（ROE）の目安

　一般的には、自己資本利益率が10～20％程度であれば優良企業であると言われています。

〈自己資本利益率（ROE）を高くするための改善方法〉
　自己資本利益率（ROE）を向上させるには、
・商品力を上げ、商品やサービスの利益率を上げる
・販路の拡大や商品、営業方法を見直し、売上高を上げる
・不良在庫や営業で使用していない遊休資産の処分をして無駄な資産を減らす
・毎期利益を蓄積していく
　上記を行うことで、自己資本利益率（ROE）を高めることができます。

⑤総資本回転率

　総資本回転率は、総資本がどれだけ効率的に売上高を生み出しているかを表す指標です。

　資本の回転というのは、「投資、販売、回収」を1回転とします。

　現金を商品に変えて、販売し、代金を回収して現金が手元に戻るまでサイクルのことを表しています。

　例えば、100万円の現金が手元にあり、100万円の商品を仕入れて、120万円で販売し、その商品が売れて120万円が手元に戻ってきたとすると、最初の現金100万円が売上120万円を生み出したということになり効率的に売上高を生み出していると言えます。

　製造業であれば工場や機械を使い、製品を作って、販売し売上が上がります。このサイクルのスピードが速いほど、売上が増えます。飲食店であれば、顧客が席を埋めると、売上は増えていきます。

　この指標も高い方が良い指標です。

　損益計算書の売上高と貸借対照表の総資本（他人資本＋自己資本）を使って算出します。

　計算式は次の通りです。

　総資本回転率＝売上高÷総資本（他人資本＋自己資本）

図解 7 章-41

貸借対照表

[資産の部]	[負債の部]
I. 流動資産	I. 流動負債
II. 固定資産 有形固定資産 ・建物、機械、車など 無形固定資産 ・特許権、商標権など 投資その他の資産 ・株式、長期貸付金など	II. 固定負債 **他人資本**
	[純資産の部]
	I. 資本金等
	II. 利益等
	自己資本

損益計算書

売上高
売上原価
【売上総利益】
販売費及び一般管理費
【営業利益】
営業外収益
営業外費用
【経常利益】
特別利益
特別損失
【税引前当期純利益】
法人税等
【税引後当期純利益】

【総資本回転率の目安】

　総資本回転率は業種によって異なりますが、一般的な目安は「1.0」です。

　1.0より大きければ大きい方が良いです。次の図の業種別の目安を参考にしてください。

図解7章-42　業種別総資本回転率（参照　令和元年　中小企業実態基本調査）

業種	総資本回転率 （回転）
建設業	1.25
製造業	1.06
情報通信業	1.04
運輸、郵便業	1.25
卸売業	1.80
小売業	1.84
不動産業、物品賃貸業	0.34
学術研究、専門・技術サービス	0.51
宿泊、飲食サービス業	1.07
生活関連サービス・娯楽業	1.09
サービス業（その他）	1.26

〈総資本回転率の改善策〉

　業種別の平均や目安より下回っている場合は、売上が小さいもしくは、総資産が大きいなどの原因が挙げられます。売上が小さいという事は、営業活動がうまくいっていないという事が言えます。

　販路の拡大や商品、営業方法の見直しなどをする必要があります。

　資産が大きいというのは、無駄な資産があるということです。売上に結びついていない資産の見直しを行いましょう。具体的には不良在庫や営業で使用していない遊休資産の処分を検討してみましょう。

（2）安全性分析

　安全性分析では、会社の倒産リスクや、支払い能力をチェックすることができます。

　融資や投資、信用取引などを行っても倒産の危険性がないかを判断する際に利用します。

　安全性分析で用いられる指標は次の4つのです。

①流動比率

②自己資本比率

③ギアリング比率

④債務償還年数

それぞれ詳しく解説していきます。

①流動比率

流動比率は、会社の支払い能力や倒産の危険性を示す指標です。

この指標は高い方が良い指標です。

貸借対照表の流動資産と流動負債を使って算出します。

すぐに現金化できる資産とすぐに支払わなければならない負債の割合をみることができます。

当然、すぐに現金化できる資産の金額が、すぐに支払わなければならない負債より多い方が良いです。

計算式は次の通りです。

流動比率＝流動資産÷流動負債×100

図解 7 章-42

貸借対照表

[資産の部]	[負債の部]
I. 流動資産 現金 普通預金 商品 売掛金	**I. 流動負債** 買掛金 短期借入金
	II. 固定負債 長期借入金
II. 固定資産 有形固定資産 建物 車両 無形固定資産 特許権 投資その他資産	**[純資産の部]** **I. 資本金等** 資本金 **II. 利益等** 利益剰余金

流動比率の目安

　流動比率は一般的に150％を超えていれば問題ありません。

　業種によっては、流動比率が高くても安心できない業種や、流動比率が低くても問題がない業種もあります。

　次の図の業種別の目安を参考にしてください。

　例えば、介護事業は、基本的には保険診療分の「売掛金」が多く、売掛金は、2ヵ月後に入金されるという業界です。

　すぐに現金になるのは、3割または1割のみで、その他はすぐに現金化できない売掛金です。

　資金繰りが厳しくなる業界の代表例です。

図解 7 章-43　業種別流動比率（参照　令和 2 年　中小企業実態基本調査）

業種	流動比率(%)
建設業	198.61
製造業	198.05
情報通信業	246.96
運輸、郵便業	180.00
卸売業	172.95
小売業	160.00
不動産業、物品賃貸業	176.34
学術研究、専門・技術サービス	188.09
宿泊、飲食サービス業	153.33
生活関連サービス・娯楽業	171.60
サービス業（その他）	182.08

〈流動比率の改善方法〉

　流動比率を改善するには、短期借入金（流動負債）を長期借入（固定負債）に借り換えすることで流動比率の増加が見込めます。

　流動比率が100％に満たない場合は資金繰りも厳しくなっていることが考えられます。

　お金の回収期間（入金サイト）を短くしたり、お金の支払い期間（支払いサイト）を長くするなどして、現金を確保するようにしましょう。

　流動比率が高くても資金繰りが厳しい業種は、借金の割合を減らし、自己資本比率を高めておくことが、安定した経営に重要なことです。毎期利益を出して、借入金を返済して、利益を蓄積させていくということは、すぐには改善が困難なため、地道な経営努力が必要です。

②自己資本比率

　自己資本比率は、会社の安全性を見ることができる指標です。

　貸借対照表の自己資本と総資本（自己資本＋他人資本）を使って算出します。

　総資本（自己資本＋他人資本）に対する自己資本の割合を見ていき

ます。

　他人のお金で成り立っている会社よりも自分のお金で成り立っている会社の方が安全といえますので、自己資本比率が高い会社は安全性が高くこの指標は高い方が良い指標です。

　計算式は次の通りです。
　自己資本比率＝自己資本÷総資本（自己資本＋他人資本）×100

図解 7 章-44

貸借対照表

[資産の部]	[負債の部]	
I. 流動資産 　現金 　普通預金 　商品 　売掛金	**I. 流動負債** 　買掛金 　短期借入金 **II. 固定負債** 　長期借入金	他人資本
II. 固定資産 　有形固定資産 　建物 　車両 　無形固定資産 　特許権 　投資その他資産	**[純資産の部]** **I. 資本金等** 　資本金 **II. 利益等** 　利益剰余金	自己資本

（総資本＝他人資本＋自己資本）

自己資本比率の目安

　自己資本比率の目安は業種によって異なりますが、まずは30％以上を目指しましょう。理想的な数値は60％以上です。次の図の業種別の目安を参考にしてみてください。

　自己資本比率は全ての指標の中で、一番重要です。

　自己資本比率60％以上であれば、ちょっとした不況でも、倒産せ

ず安心安全な会社であるといえるからです。

図解7章-45　業種別自己資本比率の目安　令和元年　中小企業実態基本調査

業種	自己資本比率(%)
建設業	43.71
製造業	45.33
情報通信業	56.10
運輸、郵便業	34.11
卸売業	40.45
小売業	32.13
不動産業、物品賃貸業	39.07
学術研究、専門・技術サービス	56.44
宿泊、飲食サービス業	20.16
生活関連サービス・娯楽業	34.00
サービス業（その他）	48.29

〈自己資本比率の改善方法〉

　自己資本比率を改善する方法は、以下の2つです。

・自己資本を増やす

・総資本を減らす

　自己資本を増やす方法は、長期的な方法ですが、本業でしっかりと利益を生み出し利益剰余金を蓄積していくことです。利益を生み出すということは、税金が高くなるため、節税と言って、利益を圧縮して、無駄な出費により、自己資金を蓄積できない方がいます。利益の蓄積により財務を強くすることより、税金を低くしたいことを優先してしまっているためです。自己資金比率を高めて、財務を強くしたければ多少の税金の支払いは覚悟し、利益剰余金を蓄積していくことをおすすめします。

　総資本を減らすためには、負債を減らします。

　営業で使用していない遊休資産などがあれば、売却し借入金を繰り

上げ返済する、不良在庫を処分するなどの方法があります。

③ギアリング比率

　ギアリング比率は、会社の借金の割合をみて会社の安全性を図ることができる指標です。

　貸借対照表の負債（他人資本）と純資産（自己資本）を使って自己資本に対する負債の割合を算出します。

　負債の比率なので低ければ低い方が安全性が高いという事になります。

　計算式は次の通りです。

　ギアリング比率＝他人資本（借入金）÷自己資本×100

図解7章-46

ギアリング比率の目安

　ギアリング比率の目安は、業種により異なります。

　このギアリング比率は、金融機関での借入の審査の際によく利用されます。

　業種別の目安より比率が大きい場合や、５年以上連続で200％で推移している場合は要注意です。

　次の図の業種別の目安を参考にしてみてください。

図解７章-46　【業種別ギアリング比率の目安】　令和元年　中小企業実態基本調査

業種	ギアリング比率(%)
建設業	128.8
製造業	120.6
情報通信業	78.2
運輸、郵便業	193.1
卸売業	147.2
小売業	211.3
不動産業、物品賃貸業	155.9
学術研究、専門・技術サービス	77.2
宿泊、飲食サービス業	396.1
生活関連サービス・娯楽業	194.1
サービス業（その他）	107.1

〈ギアリング比率の改善方法〉

　ギアリング比率を改善する方法は、以下の２つです。

　・他人資本を減らす

　・自己資本を増やす

　他人資本を減らす方法は、借入金を返済する、不要な固定資産を売却する、不良在庫を売却するなどの方法があります。

　自己資本を増やす方法は、本業でしっかりと利益を生み出し利益剰余金を蓄積していくことです。

節税などと言って、過剰な節税意識で、無駄な出費をせず、しっか
りと利益を上げ、税金を支払い、利益剰余金を蓄積していくことをお
すすめします。

④債務償還年数
　債務償還年数とは、融資の返済に何年かかるかを示す数値で、借金
を返済する能力を図る重要な指標です。
　金融機関は融資審査の際にこの指標を非常に重視します。債務償還
年数が長くなればなるほど融資しにくくなり、短ければ短いほど融資
しやすくなります。
　銀行借入金と、損益計算書の営業利益と減価償却費を使って算出し
ます。

　計算式は以下の通りです。
　債務償還年数＝銀行借入金÷（営業利益＋減価償却費）

図解7章-47

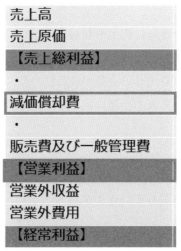

損益計算書

売上高
売上原価
【売上総利益】
・
減価償却費
・
販売費及び一般管理費
【営業利益】
営業外収益
営業外費用
【経常利益】

債務償還年数の目安

　業種にもよりますが、10年を目安としましょう。

　10年を超えると借りすぎ、他人資本に頼りすぎ、返済できないのではないか、と判断されてしまいます。

〈債務償還年数の改善方法〉

　債務償還年数を改善する方法は、以下のの２つです。

・借入金残高を減らす

・営業利益を増やす

　営業で使用していない遊休資産などがあれば、売却し借入金の返済に充て、借入金残高を減らしたり、販売単価を上げる、経費の削減をして営業利益を増やすようにしましょう。

（３）成長性分析

　成長性分析では、今まで会社が成長しているか、これから成長していくことができるのか、業績が伸びているのかをチェックすることができます。成長とは、売上や利益が伸びていくことだけではなく、稼いだ利益をもとに新規設備投資や、商品の開発などの投資をしていくことも含みます。

　投資をすることでさらに売上や利益を伸ばし、そしてさらに大きな投資をすることができるようになります。

　このサイクルを作り出せる会社が成長性の高い会社と言えます。

　成長性分析で用いられる指標は次の２つのです。

①売上高成長率

②経常利益成長率

　それぞれ詳しく解説していきます。

①売上高成長率

　売上高成長率は、前期の売上と比較して当期にどれだけ売上が増加、減少したのかを見ることができる指標です。

　売上高成長率が高ければ成長力があり、今後も売上高を伸ばしていくことが期待できます。

　ただし、1年分のデータで判断するのではなく、数年単位で推移を把握したり、市場規模情報などの外部データとすり合わせて成長性を判断することが大切です。

　前期と当期の損益計算書の売上高を使って算出していきます。この指標は高い方が良い指標です。

　計算式は次の通りです。

　売上高成長率(%)＝(当期売上高－前期売上高)÷前期売上高×100

②経常利益成長率

　経常利益成長率は、前期の経常利益と比較して当期にどれだけ増加、減少したのかを見ることができる指標です。

　売上高成長率を超える場合は会社として順調に成長していると判断できます。

　前期と当期の損益計算書の経常利益を使って算出していきます。この指標も高い方が良い指標です。

　計算式は次の通りです。

　経常利益成長率(%)＝(当期経常利益－前期経常利益)÷前期経常利益×100

（4）生産性分析

　生産性分析では、会社のヒト・モノ・カネがどれだけ効率的に利益を生んでいるのかをチェックすることができます。これにより、会社のどこに強み・弱みがあるのかを洗い出すことができます。

　生産性分析で用いられる指標は次の２つのです。

　①労働生産性
　②労働分配率

　それぞれ詳しく解説していきます。

①労働生産性

　労働生産性は、従業員１人あたり、どれくらいの付加価値を生み出しているかを見ることができる指標です。

　損益計算書の売上総利益と従業員数を使って算出していきます。労働生産性は高い方が良い指標です。

　計算式は次の通りです。

　労働生産性（円）＝付加価値（売上総利益）÷従業員数（人）
　※ここでは、付加価値に、売上総利益を入れてください

図解 7 章-48

損益計算書

売上高
売上原価
【売上総利益】
販売費及び一般管理費
【営業利益】
営業外収益
営業外費用
【経常利益】
特別利益
特別損失
【税引前当期純利益】
法人税等
【税引後当期純利益】

労働生産性の目安

　会社の規模や業種によりますが、中小企業では製造業1,000万円、小売業やサービス業で500万円前後です。

〈労働生産性を高める改方法〉

　・粗利を維持して従業員数を減らす

　・同じ従業員数で粗利を増やす

　労働生産性が高い会社は、従業員は少数精鋭で、売上総利益（粗利）が高い会社が多いです。

②労働分配率

　労働分配率は、商品・サービスから生みさされた利益から、どれだけ人件費として分配したかを見ることができる指標です。

　売上総利益と人件費を使って算出していきます。労働分配率は低い

方が良い指標です。

計算式は次の通りです。

労働分配率（％）＝人件費÷付加価値（売上総利益）

※人件費には、給与や賞与、法定福利費、福利厚生費などを含みます

労働分配率の目安

労働分配率は、一般的には50％が目安と言われています。

〈労働分配率の改善方法〉

労働分配率を下げるためには2つの方法があります。

・人件費を下げる

・付加価値（売上総利益）を上げる

労働生産性と労働分配率のバランス

労働生産性と労働分配率を改善する際には、注意が必要です。

会社としては、労働生産性が高く、労働分配率が低い方が利益は出やすくなります。

人件費を抑えて労働分配率を下げれば、利益は残り生産性は上がりますが、従業員の不満が溜まる場合が多いです。一方で、人件費を増やして従業員の金銭面を満たしても、生産性が下がり、利益が残らなければ会社は倒産してしまいます。

そのため、労働生産性と労働分配率のバランスをうまく取っていく必要があります。

さいごに

　新規事業で失敗しないためには、強固なビジネスモデルとお金のコントロールが重要です。

　お金をコントロールする上で、経営者のあなたがやるべきことは、「資金を調達すること」「資金を管理すること」の２つです。

　「資金を調達する」とは、適切な資金調達方法を選択し、確実に資金を調達することです。

　新規事業においては、なるべく多くの自己資金を準備するようにしましょう。

　最低でも、新規事業に必要な資金の30％は準備をしてください。

　自己資金が多ければ多いほど、新規事業の成功確率はUPします。

　「資金を管理する」とは、お金の出入りを把握し資金が不足しないように資金繰りをコントロールすることです。

　「お金の回収期間（入金サイト）は短く、お金の支払い期間（支払いサイト）は長く」を基本に、資金繰りが悪化しないよう、管理・交渉をしましょう。

　さらに、財務指標による会社の定期点検を通して経営の課題の早期発見、改善に努めるようにしましょう。

　これらができるのは、経営者であるあなたしかいません。

　新規事業が成功するよう、できることから今すぐ行動に移していきましょう。

〈プロフィール〉

永島　俊晶 NAGASHIMA TOSHIAKI

一般社団法人ビジネスモデルアドバイザー協会　代表理事
株式会社NTOコンサルティング 代表取締役
永島税理士事務所　代表税理士

所属
- ■千葉県税理士会 千葉東支部　所属
- ■日本FP協会 千葉支部　所属
- ■経済産業省「経営革新等支援機関」認定

〈経歴〉
千葉県生まれ、東京経済大学経営学部　流通マーケティング学科卒業。東証一部上場企業（小売業）入社、店舗マネジメント・販売プランニング・商品レイアウトを経験。東京（赤坂）の税理士事務所に転職、不動産業、飲食業、人材派遣業、広告業、小売業、製造業、サービス業、理容サロン等幅広い業種を経験。その他保険に関する税務、相続、事業承継、株式評価、清算（解散）、労働裁判、資金調達、税務調査などを経験した後、永島税理士事務所開業に至る。
その後、起業スタートアップ支援を主な事業とする、株式会社NTOコンサルティング設立。ビジネスモデル創造の重要性を広く普及させるとともに、その担い手となるビジネスモデルアドバイザーの育成とビジネスに関する知識の普及活動として、一般社団法人ビジネスモデルアドバイザー協会設立。

各自治体の創業者研修、経営力養成講座、一部上場企業営業研修など講師として実績多数

起業・新規事業立ち上げから事業拡大まで、実例に基づき、経営者と会社の成長ステージに応じて、経営計画と財務戦略を武器にして永続的な経営支援を行っている。

税務申告の他、財務改善、起業スタートアップ支援、資金調達、補助金コンサルティング、経営計画作成、アイデアを経営計画に落とし込み事業化させるサポートを得意とする。YouTubeやInstagram、Twitter、ブログなど（SNS総フォロワー数２万人以上）情報発信による活動を積極的に行っている。

■LINE登録募集中■
〜「戦略的起業家への道」配信中〜
https://liff.line.me/1656675695-n9ymabo3/landing?follow=%40731yxtnn&lp=Vcn7Lf&liff_id=1656675695-n9ymabo3

【弊社運営メディアの一部】
■起業家支援メディア「起業スタートブック」
〜起業で失敗しないための経営ノウハウ修得サイト〜
https://kigyo-startbook.com/

■YouTube「倒産防止税理士永島」
〜倒産させない知見を発信中〜
https://www.youtube.com/channel/UCpOBeedZWmewTHH_Kv0u1_A

■Twitter「ながしまとしあき」
〜実践から得たビジネスの知見を発信中〜
https://twitter.com/nagashimatax

memo

memo

memo

memo

最強の戦略ツール
ビジネスモデル・キャンバス

2023年10月11日　初版第1刷発行

著　者　　永　島　俊　晶
発行者　　延　對　寺　哲

発行所　　株式会社ビジネス教育出版社

〒102-0074　東京都千代田区九段南4-7-13
TEL 03(3221)5361(代表)／FAX 03(3222)7878
E-mail▶info@bks.co.jp　URL▶https://www.bks.co.jp

印刷・製本／ダイヤモンド・グラフィック社
装丁／飯田理湖
本文デザイン・DTP／株式会社明昌堂
編集協力／廣田祥吾（東京ブックライティング）
落丁・乱丁はお取替えします。

ISBN 978-4-8283-0984-2